O Poder do Amor

VERA FARIA LEAL

O Poder do Amor

A Lei da Atração e a Alquimia da Felicidade

BestSeller

CIP-BRASIL. CATALOGAÇÃO-NA-FONTE
SINDICATO NACIONAL DOS EDITORES DE LIVROS, RJ.

Leal, Vera Faria
L473p O poder do amor : a lei da atração e a alquimia da felicidade / Vera Faria Leal. – Rio de Janeiro : Best*Seller*, 2010.

ISBN 978-85-7684-283-5

1. Amor. 2. Intuição. 3. Autorrealização (Psicologia). 4. Sucesso. 5. Felicidade. I. Título.

10-0542. CDD: 158.1
CDU: 159.947

Texto revisado segundo o novo Acordo Ortográfico da Língua Portuguesa.

Título original português
O PODER DO AMOR

Primeira edição publicada em Portugal pela Editora Planeta em 2007.

Capa: Simone Villas-Boas
Diagramação: editoriarte

EDITORA BEST SELLER LTDA.
Rua Argentina, 171, parte, São Cristóvao
Rio de Janeiro, RJ – 20921-380

Impresso no Brasil

ISBN 978-85-7684-283-5

Dedico este livro à Luz Maior em si
Abençoado seja,
Namastê

Sumário

Prefácio

Todas as buscas e todos os anseios humanos consistem numa necessidade profunda: a aspiração à felicidade. Nós a procuramos por meio do prazer sensorial, do estímulo emocional, da realização intelectual, tentando obter segurança, conforto, reconhecimento e prestígio social; enfim, a satisfação de nossos desejos. Mesmo quando alcançamos alguns desses objetivos, não conseguimos apaziguar essa necessidade, porque tais realizações, na maior parte das vezes, só tocam as camadas mais superficiais do nosso ser.

A entidade humana pode ser vista como uma unidade constituída por um organismo biológico associado a uma estrutura emocional e mental que, em circunstâncias especiais, recebe inspiração criativa de Algo que a transcende como pessoa. Cada um desses veículos — físico, emocional, mental e da intuição — tem consciência própria. Em geral, essas camadas de consciência possuem necessidades divergentes. Assim, o corpo costuma satisfazer-se por meios que a mente racional não aprova; por outro lado, as exigências mentais podem sufocar as necessidades do equipamento emocional, que com frequência interfere com o equilíbrio biológico, entre outros fatores.

Nosso centro de consciência, o *self* ou Eu Superior, de onde vêm nossas inspirações, influencia-nos por intermédio de impulsos em geral inconscientes. Por isso, é natural que, quando satisfazemos as necessidades mais imediatas de felicidade, não estamos, necessariamente, satisfazendo os estratos mais profundos do nosso ser. Por quê?

Porque, em geral, estamos geralmente inconscientes do motor dos impulsos internos, devido à "opacidade" dos materiais com que somos construídos e que encerram níveis de ilusão com base nos condicionamentos da vida presente e das passadas, as quais influenciam nossa consciência de vigília. Pode-se dizer que esses materiais, constituídos em veículos físico, emocional e mental, terão de passar por um processo de refinamento até poderem captar a impressão na fonte sem distorcer o impulso com os próprios condicionamentos.

Daí a necessidade de nos libertarmos, por meio de treino psicológico e espiritual, de todas as tendências latentes, como forma de preparação para o grande encontro com o Ser, cujos atributos são a Vontade, o Amor e a Felicidade Supremos.

Como somos construídos à Sua imagem e semelhança, na base de nossa estrutura psicológica estão o amor e a felicidade, bem como a vontade para plasmá-los em nossa existência. Precisamos remover as camadas de entulho cármico, que atraem para nossa vida as pessoas, as circunstâncias e os acontecimentos que nos afastam daquilo a que tão ardentemente aspiramos e que constitui o âmago do nosso ser — a felicidade.

As unidades de consciência que caracterizam o ser humano são Mônadas Divinas, filhas do Altíssimo, que vivem em liberdade, com perfeito livre-arbítrio, porque não são marionetes nas mãos do seu criador. Contudo, o universo no qual temos nossas experiências é um espaço de leis, e, portanto, tudo o que fazemos nele tem consequências precisas. Por isso, no plano existencial ficamos condicionados pelas decisões que tomamos ao longo da vida.

Como filhos do Altíssimo, em essência, os seres humanos têm a mesma origem. Como espíritos virginais, comungamos da mesma unidade, e é por isso que sentimos a profunda necessidade de nos unirmos uns aos outros pelo amor, pela amizade, pela camaradagem, pelo companheirismo ou outros nomes que utilizamos para definir essa profunda saudade da unidade perdida.

Essa é, também, uma grande fonte de infelicidade, pelos equívocos que resultam de nossa visão distorcida, provocada por nossas programações culturais e psicológicas.

Retomar, portanto, esse sentido de unidade da vida implica abrir-nos para essa fonte inesgotável de alegria, que é o âmago do nosso ser, cuja essência é Amor, Vontade e Inteligência.

Neste livro, Vera Faria Leal nos ensina várias formas de desobstruir a visão dos entulhos acumulados sobre a lente através da qual observamos a vida — a intuição. E o faz com o entusiasmo de quem despertou e quer despertar aqueles que são seus companheiros nesta caminhada que, apesar de longa, a partir do momento em que ganhamos a consciência de estar no caminho certo, é trilhada com alegria e sentido de solidariedade.

José Luís Santos

Introdução

"A natureza essencial do amor é a imortalidade."
Narada (sábio sagrado da tradição hindu)

O poder do amor é um livro sobre o fruto e joia preciosa deste último: A Vida.

As diversas vias espirituais, filosofias e sabedorias arcanas nos legaram códigos de decifração da essência da Vida. Em todos esses códigos, o mistério do Amor persiste como a derradeira cruzada pelo cálice do *graal* — *Lapis ex coelis* —, que demandamos século após século, era após era. Os cavaleiros que demandavam o cálice — a paz, a conexão espiritual, o conhecimento sagrado — são como os alquimistas que almejavam alcançar a pedra filosofal, que tinha o poder de transformar chumbo em ouro, o homem num iluminado, a mortalidade em imortalidade. Essa busca ancestral transformou-se em caminho de iluminação espiritual e busca pela perfeição, pelo elo perdido com o divino.

Peregrino, aquilo que procuras neste mundo está dentro de ti.
(Inscrição latina centenária na catedral de
Santiago de Compostela, Espanha)

Como um mapa da matriz cósmica, esses códigos revelam as características da tecedura invisível do nosso Universo. Eles são as leis universais que devemos conhecer para que nossa vida seja uma viagem que nos conduza a planos de consciência cada vez mais luminosos, sábios e amorosos. Nessa viagem de autodescoberta, somos alquimistas em busca do ouro da consciência. Somos cavaleiros em demanda do *graal* da felicidade.

Somos heróis e heroínas da Vida, como Hércules cumprindo os 12 trabalhos: há toda sorte de desafios que se sucedem à medida que vamos superando nossos conflitos e dilemas, mas também há vários sinais, pistas e acontecimentos simultâneos que nos vão indicando o rumo, norteando nossos passos e nutrindo o coração. Esses sinais estão em tudo: num livro, numa canção, num encontro, num silêncio, num gesto, num quadro, numa cor, numa história, num raio de sol, numa gruta, num mergulho, num nome, numa intenção, num pensamento ou numa estrela. É mais fácil reconhecer esses sinais quando olhamos para a vida com os olhos de nossa criança interior, essa parte de nós que nunca deixou de ser íntegra, de ousar o amor, de sonhar e de se encantar até com a simplicidade. Se ela estiver adormecida em seu interior, desperte-a; você encontrará neste livro informações e sugestões para aprender a se religar com essa criança interna, que é um espelho da alma, fonte de irradiação de um de nossos atributos mais poderosos: a inocência, a pureza de coração.

Prestar atenção aos sinais e aprender a depreender seus significados confere uma dimensão riquíssima à nossa vida, porque isso acrescenta uma novidade que gera entusiasmo, reforça a fé e produz sabedoria. Quando você compreende que os sinais em sua vida estão lá para servi-lo e que também foram criados pelo seu próprio chamamento e necessidade, sua confiança na vida é reforçada e você começa a interagir com ela com novo sentido de direção e poder interno. Cada vez confiará mais em que os sinais que emite por meio dos seus pensamentos, atos, emoções e intenções criam outros sinais de igual importância, que lhe serão devolvidos como um bumerangue, de acordo com as leis do carma e da atração. Então, aprenderá a dançar a dança da Vida sabendo que o que semear será colhido e passará a fazer novas e mais ousadas perguntas, que lhe serão devolvidas por meio de novas e gratificantes experiências.

A qualidade da sua vida se baseia na qualidade
das questões que você coloca.
Doutor John Demartini

Quanto mais integrar as leis universais em sua vida, mais sua vontade individual se alinhará com o desiderato cósmico e maior será o sentimento de harmonia interior, prosperidade e realização. Quanto mais alinhada sua vontade com a vontade universal, mais fácil é manifestar os desejos do seu coração, porque eles representam uma parcela cada vez maior da unidade.

A Verdade é uma, os sábios a chamam
por diversos nomes.
Rig Veda

Qual é o tema da viagem da sua vida? Aventura? Segurança? Amor? Trabalho? Sabedoria? A dádiva de si? Conquista? Retiro? Renúncia? Reflita um pouco sobre suas escolhas. Está satisfeito?

Mudou alguma vez de foco? Sente que está na hora de mudar? Leia este livro com tais questões em mente e com a firme intenção de receber respostas, sinais, como marcos seguros firmados à beira da estrada da sua vida, reforçando direções que sua alma conhece bem e retemperando forças como uma pausa necessária no percurso.

Quais pessoas o inspiram mais? As pessoas que você admira estão na sua vida (ou na sua consciência) para estimulá-lo a desenvolver essas mesmas características que admira e que já estão dentro de você; para que cresçam, é preciso apenas que lhes dê atenção e dedique pensamentos e tempo. Assim, ao mesmo tempo que sua vida progride e floresce, você será fonte de inspiração para os outros, porque vivemos para ser iluminados e para iluminar.

> *O Amor é paciente, é benigno; o Amor não tem inveja; o Amor não trata com leviandade, não se envaidece. Não se porta com indecência, não busca os seus interesses, não se irrita, não suspeita mal, não folga com a injustiça, mas folga com a verdade. Tudo tolera, tudo crê, tudo espera, tudo suporta. O Amor nunca falha...*
>
> *Bíblia Sagrada*, I Coríntios, 13, 4:8

Os gregos antigos tinham várias palavras para definir três *tipos* de amor: *Ágape, Philia* e *Eros.*

Ágape, o Amor Divino, universal, incondicional. Neste livro, utilizo as palavras Deus, Universo, Mente Divina, Essência, Amor e Vida como sinônimos. São palavras que definem, da melhor maneira possível, esse Amor Divino, que é a única Realidade, a natureza universal, a verdadeira Fonte do poder interior. Esse Amor é intrinsecamente uma Lei, uma Inteligência espiritual, não uma emoção ou condição.

Philia, o amor cordial, a lealdade, a amizade entre pais e filhos, irmãos, amigos. No primeiro capítulo, sobre a criança interior e os relacionamentos, apresento uma Tipologia Familiar que lhe permitirá esclarecer os padrões próprios de sua dinâmica familiar, promovendo maior harmonia, comunhão e felicidade em seu seio.

Eros, o amor apaixonado, com desejo, sensual e sexual (deriva do nome do deus grego do amor, Cupido para os romanos). Eros também pode ser definido como a atração pela perfeição ou pela integralidade. Está relacionado com o amor romântico tal como o concebemos contemporaneamente. O mito de Pigmaleão e a descrição de vários casos reais (cujos nomes, naturalmente, alterei), colhidos no meu contexto profissional, expõem vários tipos de relacionamentos afetivos que você certamente reconhecerá. Ao meditar segundo seus próprios padrões relacionais, permita-se ser inspirado pelo *relacionamento sagrado*, a emulação da dança amorosa dos deuses hindus Shiva e Shakti (princípios cósmicos do masculino e do feminino, do *Yin* e do *Yang*), de cuja comunhão e de cujo êxtase nasce a criação.

Quando se trata do amor, importa citar algumas armadilhas e equívocos comuns:

- Confundir amor com carência e vazio;
- Considerar que podemos receber mais do que damos;
- Convencermo-nos de que só vivemos num dos lados da balança do amor (de que somos apenas doadores ou apenas receptores do amor);
- Acreditar que o amor está fora de nós e que é de fora para dentro que conseguimos preencher nossos desejos de autenticidade, plenitude, comunhão, realização, paz e felicidade.

O Amor tem tantas estações quanto a nossa consciência tem medidas. Habitando a essência de cada um de nós, de onde emana sua potência criadora unificadora e sua bem-aventurança, ele, ainda assim, permanece um extraordinário mistério. O Amor cura o corpo e a mente, deleita a alma, batiza nossas memórias com uma nova aliança de paz e não só abre as portas ao milagre, como *é* o próprio milagre. O Amor é o verdadeiro poder porque, quando todo o resto falha — relacionamentos, bens materiais, estatuto social, influência política, oportunidades —, esse Amor divino é a única presença inalterável, silenciosa e vivificante para além da descrição das palavras. Permita que esse Amor lhe seja revelado, radioso, e que seja porto de abrigo quando o mar estiver revolto, ponte segura quando a travessia parecer impossível, terra firme quando as perdas se tornarem pantanosas. Acolha também o Amor quando estiver vitorioso, no topo da montanha olhando o sol ou quando a vida correr fácil como uma brisa por entre os girassóis. Esse Amor écomo uma nave espacial que nos transporta para galáxias de novas e maravilhosas oportunidades, para dimensões da consciência em que o medo da falta, da solidão e da vida pode ser transmutado em percepção da abundância infinita do universo, confiança na mudança e adesão ao movimento da vida. O Amor regenera o impensável e nos devolve instantaneamente o sentido das prioridades, clarificando nossas intenções e metas. O Amor encontra as soluções mais criativas, originais e eficazes para todas as nossas questões e perplexidades. Ele é eterno e presente. Respire-o aqui e agora, no seu próximo pensamento, intenção ou sonho.

Na Luz Maior,
VERA FARIA LEAL

A Criança Interior e os Relacionamentos

O grande homem é aquele que não perde o coração de criança.

Mêncio (Mestre meng, tauista)

A Criança Interior

A criança interior é, simultaneamente, um arquétipo universal — e, como tal, emula qualidades espirituais — e um conjunto de registros que se comportam como verdadeiras subpersonalidades dentro de nós.

Os arquétipos universais habitam o inconsciente coletivo, repetindo-se em qualquer época e em qualquer lugar do mundo — como o da Morte (transformação), do Herói (ousadia, determinação), da Grande Mãe (compaixão, amor incondicional), do Rei (autoridade, poder) ou do Ancião Sábio (sabedoria, profecia). O arquétipo da criança divina (inocência, docilidade, beatitude) é uma imagem primordial que simboliza as qualidades de pureza, inocência, criatividade potencial, estado de graça, integridade, máxima vulnerabilidade (ou máxima força), máxima receptividade e amor incondicional. Na tradição cristã, ele é representado pelo menino Jesus. Os contos de fadas e as lendas de todas as tradições falam da criança e de sua autenticidade e alegria arquetípicos. Ao longo da vida, vão sendo ativados dentro de nós diversos arquétipos com os quais vamos nos identificando. Em geral, há dois ou três arquétipos dominantes em nossa psique. Os arquétipos habitam nossa psique e talvez sejam os melhores modelos que podemos adotar, maravilhosas e poderosas fontes de inspiração para nossa caminhada na vida.

O importante é saber que não somos o arquétipo: somos seres humanos com necessidades diferentes e uma complexidade que requer que não nos confundamos apenas com um aspecto do que temos para manifestar. É comum que as pessoas que, por vários motivos, se identificam ao extremo com um arquétipo sejam esmagadas e destruídas no processo: como o exemplo clássico da célebre atriz norte-americana Marilyn Monroe e sua identificação com o arquétipo-deusa-Vênus, que acabou por negar outras necessidades e gerar um desequilíbrio que, eventualmente, conduziu à degradação e a um fim trágico. Ou o exemplo dos gurus com arquétipo-do-ancião-sábio, que se tornam alcoólatra, ou protagonizam escândalos de várias ordens.

Se sentir as características descritas para a criança divina como particularmente importantes para você, é provável que se identifique especialmente com esse arquétipo. Ela nos ensina com indescritível ternura que a pureza está no coração e é um atributo da alma. Não é um estado que deriva primariamente de uma condição do corpo, como algumas religiões, o mais das vezes com intuitos não elevados, quiseram fazer crer. Ela nos ensina que quando estamos em estado de máxima fragilidade, não tendo nada a esconder, é quando detemos a maior força (quem não precisa se defender não tem como ser atacado; é o poder da não violência). É ela que nos sussurra no meio das tempestades da vida. Como diz o povo, a esperança é a última que morre (ou talvez nunca morra dentro de nós). É ela que nos recorda da necessidade de brincar, de fazer parar o tempo, que por vezes corre desabalado e confuso em nossas vidas. Ela nos ensina a confiar que a Vida toma conta de nós muito bem e que se deleita com nossas vitórias, como uma mãe amorosa e entusiasta. Ela nos ensina que a inocência é nossa condição primordial, emulação divina pela qual devemos saber velar e amar em nós nestes tempos dessacralizados, em que ela tantas vezes é atacada e ridicularizada, confundida com ingenuidade, imaturidade e fraqueza. A Criança Divina simboliza a própria alma, mediadora entre o espírito e a personalidade, sábia, amorosa, cheia de graça.

A criança interior, como um conjunto de registros que a memória cristalizou desde, pelo menos, o útero materno, é fonte extraordinária de informações que sinalizam momentos relevantes da nossa história. Ela escolhe esses momentos do nosso passado de acordo com os próprios filtros, momentos que, em geral, são referências emocionalmente carregadas, positivamente ou não. A criança que viveu esse momento-referência significativo praticamente se individualiza, ganha vida própria na psique, de onde emerge com suas emoções e atitudes infantis, mesmo que habite um corpo de adulto. Podemos ter uma constelação de crianças interiores, com uma, duas ou três dominantes. Uma dada situação do presente pode enganchar numa memória que desperte nossa criança com medo do abandono ou da autoridade, e gerar uma reação emocional correspondente, em geral, desconexa com a circunstância presente. Quantas vezes, num corpo adulto, temos reações de criança mimada, solitária, rejeitada, em pânico, resistente, ciumenta, carente ou assustada?

Aprender a identificar quando estamos reagindo de modo infantil, a negociar com ela, a lhe dar validade, atenção e colo, e a reconhecer seu enorme potencial de energia, criatividade e amor é de importância crucial para nossa harmonia interna e felicidade relacional. Crescemos onde pomos energia e nossa criança pode crescer conosco, juntamente, amadurecendo e conquistando segurança e harmonia. Investir no reconhecimento da dimensão fascinante que representa a nossa criança interior implica trilhar um caminho de autoconsciência e de cura emocional em que os benefícios em função de mais energia, autenticidade, esperança e amor-próprio são extraordinariamente compensadores.

Quando trabalhamos com a criança interior, individualmente ou em grupo, nos damo conta da multiplicidade de facetas que ela pode assumir e aprendemos a aceitá-las todas, à medida que as vamos reconhecendo. É claro que pode ser muito comovente reconhecer, por exemplo, nossa criança imensamente carente de afeto e atenção; ela pode ter qualquer idade — 2, 4, 7 anos. Habitualmente, descobrimos que nós próprios aprendemos a não lhe dar afeto, tempo ou validação, tal como o pai/mãe/outro(s) que esteve (estiveram) na gênese dessa ferida. Descobrimos também, amiúde, que esse vazio profundo está na base das relações adultas de poder/submissão e que, não raras vezes, o cônjuge-criança-carente se torna o dominador. Relações de poder-submissão não ameaçam seu medo maior: o do abandono. Como atraímos o que mais tememos (pela Lei da Atração), essas relações estão normalmente fadadas à frustração e à ruptura se não houver consciência, evolução e cura.

Pode ser muito difícil, por outro lado, descobrirmos em nós mesmos uma criança vingativa, ciumenta, narcisista e dominadora. Se não nos aceitarmos como somos, não criaremos uma base sólida a partir da qual essas "subpersonalidades" em nós possam amadurecer e se curar, nos doando seu inestimável tesouro oculto: uma ótima capacidade de tomarmos conta de nós mesmos, excelentes instintos e intuição, que nos alertam sobre as armadilhas naturais da existência, da assertividade e da liderança.

A Sombra

De acordo com a Psicologia Analítica, a sombra corresponde aos aspectos mais arcaicos/primitivos da personalidade humana, que, segundo Carl G. Jung, teriam sido herdados das formas inferiores de vida na longa evolução que conduziu ao ser humano. A sombra integra os desejos e pulsões considerados imorais, violentos e, consequentemente, inadmitidos e reprimidos. Como tal, é projetada como uma característica negativa nas outras pessoas. A sombra tem, contudo, aspectos positivos: é um reservatório de criatividade, espontaneidade, *introvisões* e emoções que são fundamentais para nossa evolução. Essas características positivas também podem ser projetadas para os outros, por não sermos capazes de indentificá-las em nós mesmos.

A sombra, que chamarei aqui de eu inferior e que relaciono com os aspectos da criança interior, age como uma ou várias personagens dentro de nós — de forma que, por vezes, nos sentimos acometidos por alguma *força superior a nós mesmos*, que nos fez agir de forma *irracional*, *assustadora* ou *perigosa*. É como se um sabotador interno fizesse exatamente o oposto daquilo que nosso eu consciente ou ego quer. É como se tivesse vida, ritmo, gostos, opiniões, hábitos e truques muito próprios e pessoais.

A integração (cura) da criança interior é uma jornada fascinante e compensadora de resgate de uma (ou várias) parte(s) importante(s) de nós, o que requer tempo, dedicação e amor. Quando integrada, essa parte deixará de funcionar como um ser autônomo (e, muitas vezes, sabotador) dentro de nós e nos doará sua energia e experiência, numa valiosa integração psicológica. Há alguns anos, assisti na televisão a um comovente documentário sobre o soldado japonês Shoichi Yokoi. O que se passou com Yokoi é uma excelente metáfora para esse processo de resgate e amor.

A História do Soldado Japonês Shoichi Yokoi

Shoichi Yokoi foi recrutado pelo exército imperial japonês em 1941 e enviado, em 1943, durante a Segunda Guerra Mundial, então com 28 anos e já como sargento, para a ilha de Guam, no Pacífico. Em 1944, os americanos vitoriosos tomaram a ilha, e o regimento de Yokoi foi praticamente aniquilado. Alguns (poucos) soldados conseguiram fugir para a selva, onde se mantiveram escondidos. Desse modo, o governo japonês assumiu que todos haviam sido mortos em combate, dando essa notícia ao país. Os soldados permaneceram anos em fuga, até que, em 1960, dois sobreviventes, os soldados Minagawa e Ito — que não sabiam que a Segunda Guerra Mundial tinha acabado havia 16 anos —, acabaram por ser encontrados por caçadores da ilha e regressaram ao Japão, agraciados com honras militares.

Nenhum dos dois sabia da existência de Yokoi, que nos primeiros anos havia se escondido em diversos locais da ilha e acabou por se estabelecer nas montanhas, junto ao rio Talofofo. Shoichi Yokoi só foi encontrado em 1972, 28 anos depois (!), por caçadores locais, numa caverna onde vivia descalço, pálido, com barba curta, muito magro. Nela, encontraram armadilhas para apanhar camarões, ferramentas feitas a mão e armas da Segunda Guerra Mundial, muito enferrujadas... Yokoi havia sido alfaiate antes de ser recrutado; fez as próprias agulhas e usou várias fibras para confeccionar sua roupa. Esfregava pauzinhos para fazer fogo e se banhava no rio, evitando, assim, doenças e infecções. Sobreviveu comendo essencialmente coco, fruta-pão, papaias, ratos e caracóis.

Yokoi escondeu-se do "inimigo" durante 28 anos, temendo sair de sua caverna, mesmo depois de ter encontrado panfletos declarando que a Segunda Guerra Mundial havia terminado. Ele não acreditou nos panfletos; pensava que faziam parte de uma estratégia militar americana para capturar prisioneiros. E não se rendeu. Finalmente, em 1972, retornou ao Japão com sua espingarda enferrujada debaixo do braço, que afirmou "querer devolver ao honorável imperador, lamentando não tê-lo servido como gostaria". Yokoi disse que "a única coisa que lhe deu forças para se manter vivo foi a fé em si mesmo e no fato de, como soldado do Japão, não ser uma desonra continuar vivo".

Sua história comoveu pessoas no mundo inteiro, especialmente no Japão, onde sua lealdade ao imperador foi louvada. Após 28 anos de solidão profunda, regressou à sua pátria, onde foi recebido com honras militares, aclamado e condecorado como herói nacional.

Yokoi morreu em 1997, com 82 anos, em sua cidade natal, Nagoya.

Nós também temos crianças interiores perdidas nas montanhas, alienadas, sujas e em inanição. Temos subpersonalidades que rejeitamos, que enterramos em cavernas na psique. Quando, por meio de qualquer processo de terapia, autoconhecimento ou introspecção, resgatamos a criança interior ferida, essa parte de nós que, afinal, quis o tempo todo nos defender, pela glória do império, há um foco de luz que se acende dentro e no fundo de nós. O vilão — nossa parte agressiva, carente ou viciada, ou (coloque você mesmo as suas próprias palavras) — transforma-se em herói!

É justo, porém, regozijarmo-nos e alegrarmo-nos, porque este teu irmão estava morto e reviveu; tinha-se perdido, e foi achado.

Bíblia Sagrada, Evangelho segundo S. Lucas, 15, 32.
(Parábola do Filho Pródigo)

Compreendemos melhor que essa parte de nós, por intermédio de comportamentos destrutivos, queria na verdade "proteger-nos", sem saber, contudo, que por esse caminho nunca conseguiria fazê-lo. Descobertos a parte e seu verdadeiro propósito — salvaguardar nossos maiores medos —, torna-se possível dialogar com ela e retirá-la da escuridão e do isolamento da caverna. Nessa fase, tal como na história de Yokoi, é importante haver um comitê de boas-vindas que ajude a fazer a transição suave para a luz da consciência. Esse comitê pode ser um terapeuta, um conselheiro espiritual ou um bom amigo. Pela sua reabilitação, tornamo-nos pessoas mais inteiras, autênticas, profundas e unificadas, portanto mais poderosas e magnéticas, porque mais próximas do próprio centro.

Exercício para a "parte perdida"

Faça uma meditação prévia para contatar uma parte de si que queira se revelar a você dessa forma. Você também pode ouvir o CD que acompanha o meu livro *Descubra a sua criança interior* para entrar em contato com ela por meio da meditação guiada. Reconheça a criança, cumprimente-a e lhe diga-lhe que pode confiar em você para cuidar dela por toda a vida. Identifique sem qualquer julgamento a fragilidade dessa sua parte, qualquer que ela seja. Pode ser o medo, a crítica excessiva, a raiva, a dependência, a culpa, o não saber dizer não, o querer ser perfeito, o medo da intimidade ou qualquer outra. Se puder, converse com essa parte sua e pergunte-lhe o que ela quer/precisa de você. Se ela tiver isso de você, o que lhe acontece? O que muda nela? Conduza o diálogo intuitivamente, até sentir que é o momento de terminar. Despeça-se com palavras respeitosas, afetuosas, vindas do coração.

A seguir, modele essa parte em barro ou terracota. Dê-lhe intuitivamente uma forma, sinta-a nas mãos, molde-a. Quando terminar, faça-lhe um pequeno "altar" e coloque-a nele, no seu quarto. Todos os dias, passe alguns minutos com ela — você pode meditar sobre essa vulnerabilidade, pode dialogar com ela, propor-lhe questões e escutar ou, simplesmente, dar-lhe um pouco de sua atenção e presença. Ao fim de algum tempo — que não sabemos quanto, pois não há regra, é um processo absolutamente individual — você poderá sentir alguma modificação no seu eu. Poderá compreender o quanto uma parte de sua atenção e presença muda a percepção de suas próprias fragilidades e transforma resistências em autoaceitação. No dia em que olhar para a sua parte de barro com aceitação e até com amor, poderá agradecer-lhe e, se quiser, num ritual simples mas plenamente vívido, retirá-la, deixando-a ir, carinhosamente. A partir daí, como a sua percepção sobre si mesmo mudou, essa sua parte deixa de sabotá-lo, e suas atitudes espelharão essa inteireza sob a forma de maior autoconfiança e serenidade.

O Caminho Faz-se Caminhando

A nossa criança interior aprende com os pais o que é o amor e é por amor que se identifica com eles mesmo que nesse processo venha a se transformar num delinquente, numa vítima ou num agressor. Se, por exemplo, a mãe foi uma vítima e sempre viveu na impotência e na frustração, é natural que o filho repita esse padrão, em geral de uma das duas formas:

- Vivendo da mesma forma.
- Repudiando conscientemente esses padrões, fazendo tudo para não ser igual a ela. Até que um dia para a fim de refletir sobre sua angústia e vazio e descobre que afinal, por dentro de uma lutadora que se revolta contra as limitações da infância, há uma vítima do trabalho, dos relacionamentos, das exigências da família, da comida em excesso etc. A forma de vida mudou na aparência, mas os sentimentos absorvidos com a mãe — a impotência por estar condicionada por uma luta que se acredita ser a vida, a frustração por se sentir codependente (dependente de que outros dependam dele) — são o mesmo pano de fundo vivido na infância.

Na infância, acreditamos no que nossos pais dizem de nós e, por amor, aprendemos a corresponder às suas expectativas. Aprendemos o quanto "valemos" a partir dos primeiros olhares da nossa mãe. Aprendemos o papel do masculino por meio do comportamento do pai. Aprendemos a manifestar na vida adulta tudo o que talvez não tenha sido dito, mas que foi intensamente vivido e protagonizado por nossos pais. Nossa vida manifesta a céu aberto tudo o que se passou nas entrelinhas, nos silêncios carregados, nas ausências aparentemente inocentes e fundamentadas, nos complexos de vítima/herói, nas palavras contraditas pelos atos dos nossos pais. E nossos filhos tenderão a viver tudo isso a partir de nós, numa cadeia de representações geracionais em que só o amor pode interromper padrões, programações e ciclos de sofrimento, ilusões e carência.

Temos as experiências de infância perfeitas para nossas forças e fragilidades; aquelas que permitirão revelar, mais adiante, quem somos, quais desafios precisamos superar e que forças precisamos usar, que talentos temos para rentabilizar na vida.

Nos relacionamentos, o amor é feito de um conjunto de desafios cotidianos que não devem nos desesperar — antes, devemos saber que uma das maiores graças da vida é trilharmos o caminho com alguém a nosso lado. Nossos filhos tornam-se os melhores espelhos quando percebemos que sempre refletem uma parte importante de nós, assim como nossos cônjuges. Agradeça por ter alguém na sua vida com quem partilhar sua história. Uma das maiores bênçãos é termos alguém a nosso lado que seja testemunha de nossos anos, de nossas lágrimas e alegrias, de nossas descobertas e perplexidades.

A Luz e a Sombra

Os outros que convivem conosco são espelhos da nossa luz e da nossa sombra. Aceitar a nossa sombra — nossas facetas renegadas, rejeitadas, reprimidas, odiadas e que, por isso, projetamos nos outros — é, paradoxalmente, o que mais nos possibilita honrar nossa divindade interior. É fundamentalmente a culpa consciente e sobretudo inconsciente que carregamos por sermos fracos, agressivos, dependentes etc. que nos impede de aceitar nossa dimensão gloriosa, Deus imanente. É chegado o momento de percebermos que o divino *não está em algum lugar lá fora*, mas em toda parte, inclusive em você. Quando a autoestima cresce para autorreverência, aprendemos a honrar a Luz em nós, reconhecendo-nos cada vez mais como o *self*, o Eu Sou. Quando a autoestima cresce para autorreverência, deixamos de nos tratar como seres humanos de segunda, deixamos de nos maltratar com as mais redutoras e tristes escolhas, próprias do ego ou do eu inferior. Há formas de lidar conosco que abandonamos, e a autorreverência nos é espelhada num novo ciclo de relacionamentos que passamos a atrair e desfrutar, com pessoas mais amorosas e harmonizadas conosco.

O caminho de transformação no qual acredito e sobre o qual medito, trabalho e investigo é o da plena aceitação de quem somos nós, sem rejeitar coisa alguma! A rejeição dos elementos indesejáveis da nossa psique ou do nosso eu inferior, como o chamo, não funciona, só dá mais força aos impulsos e às características que queremos negar. Devemos partir da aceitação do que somos — sabendo que somos muito mais do que nossas limitações e imperfeições — e meditar focalizando no melhor de nós, na luz da consciência, na verdade maior do nosso ser essencial.

Quando nos identificamos em excesso apenas com um ou outro aspecto nosso, certamente há seu oposto a espreitar em nossa sombra. Se não podemos aceitá-lo — por vezes, é demasiadamente doloroso reconhecermos que somos ciumentos, invejosos, rancorosos, mentirosos, dependentes, egocêntricos etc. —, ele reaparece para nós sob a forma de um marido, um filho, um patrão, uma circunstância de vida negativa, para podermos lidar com esse aspecto que tanto nos apavora. Não devemos esquecer que, quando polarizamos um comportamento, seu oposto, mais cedo ou mais tarde, irá emergir.

Manuela

Manuela é um caso lamentavelmente típico: vê a si mesma como o suprassumo da honestidade, da competência e da ajuda ao próximo. O marido é alcoólatra, o filho repete constantemente comportamentos irresponsáveis, teve vários acidentes de automóvel e gasta muito dinheiro no jogo. Manuela já mudou de casa praticamente dez vezes em trinta anos, numa fuga evidente do próprio vazio, que não quer encarar; não se permite ser humana e, assim, convida o que mais teme a se manifestar continuamente na sua vida, até parar e aceitar atender às suas necessidades. Até deixar de se identificar apenas com o papel de salvadora-mártir — até porque essa sua crença sempre atrai pessoas perturbadas, carentes e difíceis, que precisam dessa figura. Ela não percebe que está num círculo vicioso. Isso é viver a partir do medo, não de uma plena consciência do divino em nós e de nossa herança divina de amor, abundância e paz interior. Nesse quadro, a pessoa vive a adversidade e a crise como se tais fossem drogas, como se fossem a única condição que "dignifica" o ser humano; exibe o sofrimento como uma coroa de glória, única chancela capaz de dar validade à pessoa, como se precisasse continuamente em sua vida da injeção que lhe desafia constantemente. Como se as dificuldades, as carências financeiras, os maus-tratos conjugais, os insucessos dos filhos fossem o tempero da vida e tivessem de estar sempre lá, para que a pessoa se sinta verdadeiramente viva. Para essas pessoas, o amor, a paz, a facilidade são intoleráveis. Não desmereço o sofrimento dessas pessoas: muitas pertencem a uma geração que passou por grandes desafios emocionais, por várias guerras e imprimiu no seu subconsciente o cenário de guerra como aquele habitual de vida. É o que melhor conhecem, e é por isso que o reproduzem continuamente em sua vida. Compreender e aceitar isso é o primeiro passo para a mudança. Por outro lado, aquilo a que resistimos persiste, que o significa que aquilo que mais detestarmos vai aparecer repetidamente como circunstância em nossa vida, até que aprendamos a amar. Até eu aprender a aceitar e amar a minha sombra, a minha dependência, vou permanecer dependente ou codependente. Até que aprenda a aceitar o meu corpo, vai surgir algo nele que me perturbe muito. Até aceitar que sou invejosa, vão aparecer situações que vão doer no coração, pois a inveja assenta numa criança interior egocêntrica, porque ferida, que quer o reconhecimento apenas para si mesma. Que, pela sua insegurança, ainda não consegue partilhar o sucesso e, por isso, não acredita nas relações "ganha-ganha".

O que não ficou bem-resolvido entre você e seus pais vai reaparecer em suas relações afetivas como oportunidade de reconhecimento de suas dificuldades afetivas e de cura emocional. Não se esqueça de que a esmagadora maioria das circunstâncias que cocriamos em nossa vida é de uma forma inconsciente. Por isso, tantas vezes não gostamos do resultado final, não conseguimos nos identificar com ele. Perguntamo-nos, angustiados: como atraí para mim mesmo essa situação de traição, carência e abandono? Sugiro-lhe que se questione: quando é que você mesmo traiu alguém e traiu a si mesmo? Quando é que roubou de si e deu para os outros? Quando é que esteve ausente para suas próprias necessidades e quando não esteve verdadeiramente presente para as necessidades do outro?

Nos relacionamentos afetivos, tendemos a repetir

- A relação que tivemos com um de nossos pais ou com ambos.
- A relação que eles tinham um com o outro.

Reproduzimos sempre o que nos é familiar, mesmo que isso signifique dor, agressão ou carência.

Quem em sua família ou círculo mais próximo ficaria zangado se você se amasse realmente e tivesse uma vida que fosse manifestação desse mesmo amor? Seu pai, mãe, irmãos?

Cláudia

Cláudia é uma advogada inteligente, de 38 anos que, em sua infância, viveu numa família em que havia amor, mas também muita raiva reprimida, muita manipulação, muitos jogos de poder. A mãe, embora economicamente dependente do pai, cansou-se de suas infidelidades crônicas, assim como de seu (paradoxal, ou talvez não) ciúme doentio. Cláudia viveu com os pais até o divórcio de ambos, quando ela estava com 14 anos. Ela e o irmão escolheram ficar com a mãe, e o pai, homem severo, repressivo e com muita dificuldade de expressar afeto, nunca os perdoou. Ele dizia que a mãe é que estava errada, porque era demasiadamente liberal, permissiva, emotiva. Ele passou a considerar que os filhos eram "iguais" à mãe e que rejeitavam seus valores de vida — poupança compulsiva (dinheiro é tudo na vida), forte autocontrole, nunca dizer o que se pensa (muito menos o que se sente). Cláudia, por ser mulher, pagou um preço particularmente caro por sua escolha, pois, para o pai, ela era a face mais visível da mãe, com quem ele não falou mais. Ele não a via como a filha, mas projetava a ex-mulher nela. Tratava-a com frieza e cortou qualquer apoio financeiro para seus estudos. Para ele, contribuir para o sucesso dos filhos, que haviam escolhido outros valores de vida, era algo impossível. Eles teriam de se desvencilhar sozinhos. Afinal, era o que haviam escolhido. Cláudia cresceu. Sofreu muito nas esquinas da vida, mas se encontrou: fez terapia, evoluiu, trabalhou, encontrou o seu caminho e teve sucesso em todos os níveis. Muito além das expectativas da família. O pai nunca validou nem celebrou abertamente esse sucesso, pois, para ele, implicava admitir que estava errado. Que, afinal, a filha era a prova viva de que há outra forma de viver, de que há outros valores — que não os dele — que funcionam e trazem realização e prosperidade. Cláudia fez o luto do pai idealizado, que gostaria de ter tido, e decidiu aceitá-lo como era. Conseguiu curar a sua criança interior e aceitar todos os momentos que o pai ainda tinha para lhe dar. E consentiu expressar seu amor da melhor forma possível, nos momentos que ela tinha para dar ao pai. Mesmo que ele não a entendesse, não a aceitasse, não a reconhecesse. A linguagem do coração é mais forte que quaisquer palavras e basta a si mesma.

As relações são um caminho maravilhoso para a evolução de cada um de nós. Quando os outros não nos falam de amor, com amor e pelo amor, então certamente espelham algo em nós que não queremos ver ou que nem sabemos que também é nosso. O extraordinário livro *Um curso em milagres* diz que as pessoas estão dando amor ou pedindo amor. Não importa que o peçam por meio do riso, da raiva ou da indiferença. Não é relevante se nem eles mesmos sabem que estão pedindo amor dessa forma. O importante é que agora você sabe! O amor, assim como o êxito, é uma escolha!

O Ressentimento

Há alguns anos, tive uma grande decepção com um mestre espiritual, com quem e para quem trabalhei dedicadamente durante algum tempo. Precisei corrigir esse forte sentimento de desilusão e perda que sobreveio a um tempo de encantamento e fascínio pelo seu carisma e sabedoria. Escrevi-lhe uma carta de ressentimento e mágoa, na qual falei sobre me sentir injustiçada. Depois, fiz outra carta enumerando todos os benefícios conseguidos por ter conhecido essa pessoa, assim como o que aprendi com aquela experiência. À medida que ia enumerando e me recordando das bênçãos que, por meio desse conhecimento, vieram à minha vida, da riqueza e da alegria que ele me havia proporcionado, da ampliação de horizontes que vivenciei, meu coração começou a se abrir, minha expressão se suavizou, derramei lágrimas de gratidão e, finalmente, me senti preparada para o terceiro momento da carta, a síntese, na qual consegui chegar ao perdão. O perdão é tão libertador que sentimos, literal e fisicamente, um acréscimo energético quando o concedemos com sinceridade e abertura de coração. É como se uma parte de nós regressasse a si mesma; uma parte bloqueada, ausente ou anestesiada pela mágoa alojada no coração, na mente e no corpo. Chamo esse processo de carta da cura. Deve ser feita de uma só vez, mas às vezes isso não é possível. Escrevemos primeiro sobre aquilo que o outro nos causou de danoso; depois, o que aprendemos com essa situação; e, por fim, fazemos uma síntese, na qual se pretende que cheguemos ao perdão, verificando o papel que aquela pessoa teve em nossa vida de uma perspectiva mais abrangente, uma vez que um problema ou conflito nunca pode ser resolvido no mesmo nível de consciência que o criou. Alguém tem de começar a assumir essa perspectiva, abraçando as duas faces da mesma moeda. Temos de subir uma oitava, ou seja, um dos dois tem de subir a um patamar em que o conflito possa ser visto sob uma nova ótica, com um novo discernimento, a partir do qual novas opções trarão maior liberdade de escolha e de decisão para ambas as partes. Se você tem um conflito para resolver com alguém, procure responder a estas questões:

- Para quê essa situação está sendo útil a mim?
- Essa situação está exigindo de mim o uso de que recursos (materiais e outros)?
- O que ela me faz sentir? Isso é sentido em alguma parte do corpo em especial?

Exercício

Se respondeu sim à última pergunta, faça um exercício com a mão não dominante (aquela com que habitualmente não escreve):

- Com a mão que usa para escrever, pergunte a essa parte do seu corpo o que ela quer transmitira, depois de ter meditado e silenciado a mente por alguns minutos.

A seguir, com a outra mão (a não dominante) anote a resposta que surgir. Também é possível fazer este exercício visualizando uma boca nessa parte do corpo, através da qual você se dá as mesmas informações.

- Essa situação me revela alguma dinâmica/padrão repetitiva(o) na relação com o meu pai ou a minha mãe, na infância?
- Se eu não tivesse medo algum, qual seria minha decisão?
- No quadro geral da minha visão de vida e dos meus valores, qual é a decisão mais adequada?
- Qual é a decisão que, nessa situação, me faz sentir com maior poder interno, maior paz no coração?
- Qual é a decisão que resultará no bem maior de todos os envolvidos?

As respostas obtidas certamente serão reveladoras do caminho a seguir.

A consciência traz a felicidade real

À medida que a consciência vai se expandindo, aumenta a nossa capacidade de reconhecer a perfeição do "positivo e do negativo", de perceber muito mais possibilidades e oportunidades na vida e de identificação com o Todo. A fusão da consciência individual com a consciência universal produz a onisciência.

O ressentimento/raiva é muitas vezes paixão invertida — o objeto do meu amor "me traiu" e agora invisto em tal sentimento negativo com a mesma intensidade com que antes fazia com o amor.

Ana

Ana, uma aluna minha, tinha uma amiga especial — Sara —, de quem se tornou particularmente dependente para as situações mais íntimas; passou a ser uma dependência em que a outra tinha de estar sempre presente para Ana, como uma mãe devota. Um dia, Sara desapareceu. Trocou o número do telefone, mudou-se de casa e deixou Ana às voltas com o seu vazio. Em decorrência dessa dor que lhe confirmava um padrão relacional antigo, Ana resolver procurar ajuda. De início, sentiu grande raiva e levou algum tempo para perceber as bênçãos daquela situação. Ao sair de sua vida, Sara mostrou a Ana a medida da sua dependência, contribuindo, assim, para um processo em que esta pôde reforçar seu eu adulto e a confiança em si mesma (na qual poderia apoiar-se durante os momentos mais vulneráveis). Ana trabalhou a si mesma, cresceu, tornou-se mais autônoma e capaz de selecionar melhor a quem pedir ajuda, com maior consciência de suas compulsões e carências. Por isso, acabou se sentindo grata por essa experiência; a crise do abandono a tornou mais forte e coesa dentro de si mesma. A crise foi a oportunidade que a ajudou a cimentar o amor e a capacidade de se prover nutrição emocional, de reforçar a figura da mãe nutridora dentro de si mesma. Ana descobriu um novo poder interno e está orgulhosa e grata pela experiência.

Aprender o Amor

Onde há amor, tudo o que não é amor se manifesta.

Ou seja, onde há intimidade verdadeira, há uma oportunidade de ouro, o espaço sagrado para se curarem as feridas emocionais que invariavelmente se manifestarão. A Luz revela a sombra. Nas relações afetivas, passada a fase do encantamento e da paixão, surge uma nova etapa: o tempo para, gradualmente, aceitarmos "morrer" para as ilusões e expectativas que criamos e para termos a coragem-amor de encarar o que no outro nos parece feio e sórdido. É a outra face do amor, tão real quanto a anterior, no sentido em que uma sem a outra não revela a totalidade necessária para a evolução da relação. É um momento doloroso, tempestades insuspeitadas desabam sobre o mar (até aí) calmo da relação, e nossos medos e inseguranças mostram sua face perturbadora. É aqui que muitos casais se separam e partem em busca de outro espelho que lhes reflita o seu melhor, e não a sua sombra. O que muitos não sabem é que não podemos escapar de nós mesmos e que os outros sempre vão nos devolver o que somos! Não adianta fugir, porque mais adiante encontraremos noutro espelho igual ou pior condição. O que resolve é aprofundar, questionar fundo em nós, passar noites em claro sem certezas encarando nossos fantasmas. O amor, como tudo na vida, entretece-se de ciclos de vida-morte-vida.

Se não aceitarmos uma fase do ciclo, não aceitaremos viver dimensões mais maduras e felizes do amor. Quando o outro espelha coisas boas de nós, ficamos contentes. Mas, quando espelha nossas características mais sombrias, normalmente desconhecidas de nós mesmos, tendemos a desistir da relação e partir para outra (ou entramos em negação ou várias fugas). Nesse caso, são típicas as vitimizações, manipulações, acusações, traições, compensações (com o trabalho, comida, bebida etc.).

Raquel

Raquel é minha cliente há alguns anos, uma jovem atriz que se tornou bastante popular com uma novela televisiva. Apaixonou-se intensamente por um homem mais velho, foram viver juntos e o primeiro ano foi "o ano do amor", com uma entrega nunca antes vivenciada. Gradualmente, no entanto, a sombra dos dois começou a descer sobre a relação e aquilo que antes parecia tão atraente e magnético no parceiro — o mistério, os silêncios carregados de sentido, a "excitante" dupla personalidade, era divertido fora de casa, sociável, mas dentro de casa, calado, mal-humorado, agressivo — era agora gradualmente causa de dor e desilusão. Em nossas sessões de terapia, descobrimos que Raquel repetia com o namorado o padrão vivido com o pai, que nunca a assumira, ignorava-a e tinha mais "que fazer" do que ser pai dela, pois sua profissão e vida social eram muito mais importantes. Raquel percebeu dolorosamente que as feridas da infância (a ausência de afeto em sua relação com o pai) estavam se revelando naquela relação e que aquela era uma oportunidade importante para curá-las. Algum tempo depois, decidiu separar-se. Aprendeu a gostar mais de si, a expressar seu afeto pelos outros, a mostrar mais suas cores interiores e a fazer escolhas que tivessem mais a ver consigo, e não com as expectativas alheias. Alcançou um nível importante de perdão para com o pai e floresceu numa maturidade mais serena e criativa. Por se sentir mais segura e plena, as defesas antes fortes deixaram de fazer sentido, e assim ela foi capaz de expandir sua capacidade de viver uma intimidade mais autêntica e gratificante.

Quando cuidamos de nós, quando nos tomamos mais inteiros em nós mesmos, nossas relações tendem a se tornar relações de duas pessoas completas, portanto com mais para dar uma à outra. Sem o outro, já não me perco, pois meu centro está em mim e é a partir dele que irradio minha liberdade, minha verdade, meu amor. Ninguém pode roubar um sol que habita dentro de nós. Com o outro, me amplio e alcanço mais, como dois sóis ao redor dos quais giram os planetas-vida, dançando pelo cosmos a dança do amor divino e espiritualizando a condição humana.

O antídoto para a solidão é amar.
Quando nos aceitamos e nos amamos, podemos verdadeiramente cuidar, amar, partilhar com e zelar pelos outros.
As relações tornam-se assim cada vez mais presentes, significativas e plenas.

A dor emocional

Por vezes podemos confundir acolher a dor com deixá-la se instalar dentro de nós. Acolher pode significar dar a você tempo suficiente para que ela faça sua alquimia dentro de nós, pois ela tem um poder profundamente transformador. Depois de uma profunda experiência de dor, muitas vezes as pessoas que não fogem dela nem a suprimem imediatamente com uma atividade, um tranquilizante ou qualquer outra forma que atenda ao mesmo propósito, costumam sentir uma alteração do seu estado de consciência. Essa alteração nos permite ascender ao campo unificado, o campo cósmico de todas as possibilidades, da potência pura. A máxima vulnerabilidade nos conduz à máxima força se não interrompermos o processo evitando ir ao fundo de nós mesmos. O sofrimento pode, nesse caso, ser didático, um meio de elevação da consciência, se formos capazes de atravessá-lo com todo o nosso ser, com toda a nossa disponibilidade, com nossa presença completa. Se permitirmos que ele nos habite o tempo necessário para que o seu movimento espiralado faça dentro de nós o seu trabalho transformador, então teremos ganho, porque, de alguma forma, pela nossa consciência fomos capazes de progredir na experiência de crise e muito provavelmente de chegar a encontrar um sentido mais profundo para toda essa vivência. Esse sentido, que podemos descobrir durante as fases da vivência da crise ou depois, é um motor extraordinário para a vida futura. É organizador de nossa existência. É exatamente como se tivéssemos mergulhado na noite escura da alma e conseguido encontrar um caminho — um caminho *diferente* — para regressar à superfície das águas. O caminho diferente para emergirmos de novo na vida é de renovação, criatividade, novas possibilidades e esperança. Quando estamos no limiar máximo da incerteza em nossa vida, estamos diante dos momentos de maior oportunidade para nos redescobrir em outros níveis de realização, de relacionamentos e de ser. Ensinam-nos a temer o desconhecido, como se nenhuma vida nascesse do útero desse inominável, incognoscível cosmos que tudo habita, anima, abençoa. Para que haja ordem, é preciso que haja caos; para que exista mudança, é preciso que haja um centro imutável; para que haja vida, tem de haver morte. Não nos ensinam a lidar com a vida, porque não nos ensinam que ela implica aceitarmos muitas mortes cotidianas de dimensões variadas.

Os processos de dor equivalem, em um nível profundo de nosso psiquismo, à morte. É por isso que procuramos tanto fugir da dor em nossas relações. E muitos de nós evitam a intimidade por medo de ficar à mercê do outro, vulneráveis ao sofrimento e a essa *morte* psíquica. Só que aquilo a que resistimos persiste em nossa vida. Quanto mais sentimos medo da intimidade, mais atraímos relações tendencialmente abusivas, disfuncionais em algum grau, tristemente empobrecidas. Todo e qualquer comportamento abusivo e agressor atende a um propósito, alimenta uma necessidade que conscientemente desconhecemos. Descobrir qual é essa necessidade é muito importante para a cura pessoal e dos relacionamentos.

Exercício:

Eu ________________(nome) liberto agora a necessidade de me punir com ________________________.

Eu ____________________(nome) liberto agora a necessidade de manter na minha vida a condição de ______ ____.

Escreva essas afirmações pelo menos dez vezes por dia, durante um mês, num ambiente interno de paz e de presença total para si próprio.

Antônio e Filomena

Antônio e Filomena eram casados havia 14 anos e tinham começado a viver uma paixão arrebatadora. Porém, cada um escondia, sem saber, uma grande dor. Ela era filha de pai alcoólatra, ausente, cheio de ideais, mas, na prática, irresponsável como pai e como marido. Antônio, por sua vez, fora afastado da mãe com 1 ano de idade; seu pai abandonou a mãe e se casou com outra, que se tornou uma madrasta como as dos contos de fadas, perversa e egoísta. Ele cresceu odiando as mulheres, desconfiando de todas: ou elas o abandonariam ou o tratariam mal; quis ser tão independente delas quanto possível, em todos os níveis. Aprendeu a se fechar à intimidade, e as mulheres se transformaram em objetos sexuais. Passou a ser muito popular junto aos amigos, a quem apoiava e ajudava. Filomena se habituara na infância a um pai idealizado devido à ausência, pois ou ele estava ébrio ou estava no hospital tratando dos outros. A família não era suficientemente glamorosa para reter sua atenção; ele era mais um salvador do mundo que anestesiava sua dor mais profunda com o álcool. Antônio suprimia a mesma dor com o sexo. Quando Filomena conheceu Antônio, é claro, juntaram-se a fome e a vontade de comer. Atração forte (e fatal), ambos encaixando à perfeição nas expectativas (sobretudo inconscientes) que um e outro tinham sobre o que eram os relacionamentos. Ela tentou ser perfeita — tal como tentara ser a filha perfeita para conquistar a atenção e o amor dos pais —, mas sem alcançar o resultado esperado em qualquer das situações. Ele logo manifestou a antiga ferida de abandono, em sua raiva contra as mulheres, na infidelidade, nas ausências. As discussões, recriminações e agressões emocionais passaram a fazer parte do cotidiano, num ciclo destrutivo crescente, que acabou em divórcio e muito sofrimento antes, durante e depois. Ambos eram viciados na dor e na crise, sem que se dessem conta disso; se alimentavam desse conflito como uma triste e dolorosa forma de chamarem a atenção sobre suas próprias carências e seus próprios vazios.

Ambos tinham uma imensa capacidade para o amor. Ambos eram bonitos, talentosos, inteligentes e criativos. Começaram a vida com muita força interior, com o coração cheio de sonhos e com muita vontade de desbravar o mundo. Mas, no confronto inevitável com suas sombras, com seus fantasmas interiores insuspeitos projetados no outro, não conseguiram ir além e penetrar num novo território de amor, cujas fronteiras só podem ser cruzadas pelo renascimento e pelo perdão. Filomena escolheu pela vida fora o caminho da vitimização, da doença e da codependência emocional. Antônio escolheu o caminho do isolamento, do cinismo e da amargura. Ambos se destruindo num emaranhado de culpa, ressentimento, negação e autoaversão.

É preciso aprender a fazer escolhas cada vez mais conscientes e, por isso, mais amorosas. A vida é preciosa em cada inspiração. O universo tem muitos níveis de consciência e a vida de um animal, de uma árvore ou de uma pessoa, com seus níveis específicos de consciência, nunca é um desperdício na ordem da natureza. O universo adapta-se sempre às escolhas que fazemos. Por isso, não há caminhos errados. Não há coisas como: se eu for pela direita, poderei evoluir; se for pela esquerda, estarei perdido. Como vivemos segundo a lei de nossa própria consciência, para onde quer que caminhemos, ela vai conosco, produzindo os efeitos correspondentes, ou seja, atraindo para nós o que somos ou, melhor dito, o que acreditamos ser. O céu (ou a paz interior) e o inferno (ou a ausência dessa paz) estão dentro de cada um de nós e, por isso, vão para onde formos. Por vezes há caminhos que nos parecem mais fáceis e que se revelam mais à frente cobradores de um preço muito alto. Há outros caminhos que parecem mais penosos e desencontrados, mas que deságuam adiante num oceano insuspeitado de bênçãos. Em cada caminho que escolhemos, há uma semente de vida e uma semente de morte, ou seja, uma mudança de estados. É fantasioso pensar que: se eu tivesse feito aquela outra escolha, não me teria acontecido essa perda, essa traição, essa...; ou: eu teria ganho mais, teria sido mais feliz, mais bem-sucedido. Como se fosse o caminho (numa acepção abstrata do termo) que nos fizesse, sem a nossa intervenção e participação. Os caminhos e a vida existem porque nós existimos. Cada escolha que fazemos nos traz a semente de uma nova vida, o desafio de um crescimento e a necessidade de uma morte para essa forma de viver, rumo a um novo degrau em nosso processo de evolução. Então, se o projeto do universo é o amor como o referem todas as tradições místicas, espirituais, em qualquer caminho escolhido encontraremos oportunidades de aprendizagem, autoconhecimento e redenção. O universo nada desperdiça e adapta-se sempre a qualquer escolha nossa, para nos trazer o que precisamos receber. Por isso, se for o seu caso, pare de se atormentar porque não escolheu ir por aqui ou por ali; saiba que não perdeu nada do que era suposto ganhar, porque, para que a contabilidade fosse outra, você teria de ser outra pessoa. E não é, felizmente! Você é um caminho único e maravilhoso para Deus. Cada um de nós é um caminho, uma via de ascensão, uma modalidade de evolução. Se você for fiel à sua proposta de evolução, estará cumprindo o projeto do universo, na porção de vida que lhe coube cocriar. E essa vida sagrada que o habita no mais silencioso de si o conduzirá ao desdobramento e à manifestação de seu potencial, conspirando para sua felicidade na Terra.

Neste tempo de mudança de eras, em que tantas vezes cometemos excessos naturais em busca de uma nova forma de *Ser*mos, a busca da felicidade nos ensina inevitavelmente lições sobre o amor incondicional. E na nossa genuína demanda do amor, queremos por vezes ir tão depressa e tão longe que saímos desiludidos, confusos, desencantados — desencantados com os princípios espirituais ou com nossas próprias expectativas? Não há desilusão sem antes ter havido ilusão. Confundimos amor com expectativa, damos para ter poder nas relações, tornamo-nos imprescindíveis para controlar o outro na relação e não percebemos que só a partir de um trabalho de profundo amor por nós próprios, com aceitação integral de nossas limitações, nossos medos e nossas dores, podemos caminhar para o verdadeiro amor incondicional, partilhado e livre.

O amor caminha no sentido da liberdade.

Gregg

Gregg é um ator americano que conheci num retiro espiritual no Oregon, Estados Unidos. Talvez tenha sido o único homem que até hoje me confessou abertamente que "arriscou" amar incondicionalmente uma mulher, aceitando-a *sem expectativas* numa relação em que deu tudo de si. Dizia, amargurado e confuso, que ela havia terminado dizendo que não conseguia mais viver com a dependência dele! Então, questionei: Você chamou sua carência de amor incondicional? Você deu tudo de si "incondicionalmente" para que ela não te abandonasse? Aceitou-a *sem* expectativas e agora condenas a moça por ter rompido contigo? Não percebeu que por baixo do teu amor "incondicional", "você precisa cuidar de mim, ser tudo para mim, assim como o é para a minha dependência". Quantas vezes, num corpo de adulto, está um menino de 10 anos que precisa, sobretudo, viver uma fantasia, uma ilusão de amor que preencha um ou muitos vazios internos; que precisa de uma mãe que cuide dele, que não é capaz de se relacionar com uma mulher real, mas apenas com uma projeção, uma imagem que ele faz da mulher. Na aprendizagem da Vida, *temos a experiência de muitas mortes.* Na aprendizagem do Amor, *passamos pela travessia sofrida do desamor em todas as suas facetas.* Essa é a nossa aprendizagem, até compreendermos que o amor é a maior defesa que podemos ter e que, quanto mais inteiros estamos, melhor podemos amar o outro. Sem medo ou condição.

Dar deve ser um ato natural, de verdadeira liberdade; só assim não se confunde com "compra" de afetos ou de influências, só assim não se mascara de dificuldade em receber, só assim não se transforma num jogo de poder em que muitas vezes aquele que "dá" continuamente mantém o outro refém daquilo que ele tem para dar.

Afirmações:

Expresso meus sentimentos aberta e facilmente.
O amor que dou retorna a mim multiplicado.
Dar é receber.

Percebi que fomos feitos para ser criativos porque, quando fazemos uso de nossos dons e talentos, aprendendo cada vez mais a ser nós mesmos em qualquer circunstância — para fazer amor, pintar um quadro, preparar uma refeição, encontrar uma solução financeira, apresentar uma proposta, cuidar dos nossos filhos —, é Deus em nós desfrutando de sua essência em manifestação: a pura criação. É por isso que, se cortarmos o fluxo criativo, cortamos também esse desfrute divino. Quando estamos aquém de nosso potencial — de amar, de sermos amados, de desfrutar de termos boas oportunidades na vida, de termos amigos interessantes, de aprendermos com pessoas inspiradas ou de inspirarmos os outros com nosso talento, limitamos simultaneamente a potência criativa de Deus em nós. Por isso, desfrutarmos dos dons da vida é também uma recompensa por termos aceito ser agentes do desfrute divino. Nesse sentido, eu diria que "pecado" é não ser criativo, é não ousarmos rentabilizar nosso potencial e não ultrapassarmos as limitações que os medos nos impõem.

Eu sabia que tinha de reverenciar a dimensão divina em mim, mas que, simultaneamente, precisava aceitar aquela minha parte que ainda precisava ser trabalhada. Mas, na prática, não sabia muito bem o que isso queria dizer, pois por vezes torna-se difícil aceitar e lidar com os aspectos mais sombrios da nossa natureza e continuar a nos tratar como deuses, com essa autorreverência e esse amor incondicional. Descobri que essa síntese ocorre simultânea e espontaneamente quando não faço um julgamento de "bom" ou de "mau" em relação àquilo que me acontece, ou seja, quando deixo de me identificar tanto com a tristeza quanto com a euforia. Essa aceitação permite não só tornar-me um observador gradualmente mais neutro e, por isso, mais consciente do que acontece à minha volta, mas, sobretudo, perceber a ilusão por trás dessas emoções passageiras, permitindo-me perceber nitidamente como um polo conduz ao outro. Aceitar as notas sofríveis do meu filho torna-se uma oportunidade para trabalhar sobre meus próprios medos de que ele não venha a ser *alguém* na vida, para, na prática, aprender a ajudá-lo de forma ainda melhor, exercitando verdadeiramente o amor incondicional; posso não concordar com seu comportamento, mas o amo como é, como existe.

O corpo físico e a doença

Tenho verificado repetidas vezes que nossa criança interior se manifesta muito por meio da doença; aliás, ela nos fala muitas vezes a partir de um dado local do nosso corpo. A doença pode atender a um chamado da alma, que não tem outra forma de chegar até nós com sua mensagem redentora e amorosa. Por vezes, com nosso comportamento excessivamente materialista, no sentido de que a vida só é aquilo que se circunscreve nos limites do visível, do palpável, das preocupações imediatas, com coisa alguma sendo elaborada para além dessa fronteira — praticamente se deixa de sentir a alma —, tornamo-nos desalmados. A alma, essa grande intermediária entre a personalidade e o espírito, parece secar dolorosamente dentro de nós. Somos uma espécie de zumbi que, por não ter veículo mediador, tende ao vazio, enredada em comportamentos cada vez mais básicos, aniquiladores de qualquer sentido de vida, a não ser o da satisfação das necessidades básicas de sobrevivência.

A doença é muitas vezes uma criação que se destina a "nos proteger" de uma dor maior, de algum conflito que não sabemos resolver. A doença pode funcionar como um último recurso que a alma encontra para nos inspirar mudanças que trarão maior dignidade, sentido e amor à nossa vida. E nesse processo de ser uma oportunidade para a expansão da consciência e a recepção de novas revelações que nos fortalecerão e permitirão evoluir, a doença pode ser uma simples gripe ou uma doença grave.

Depois de cinco anos de trabalho incessante, viagens profissionais e intensa atividade, fui ficando gradualmente sem energia e, depois de um esgotamento, fiquei seriamente anêmica. Manifestaram-se outros sintomas, como crises de pânico e distúrbios na tireoide. Fiquei cerca de um ano praticamente sem trabalhar. Em termos de saúde, foi a época mais desafiadora de minha vida. Foi também a oportunidade de ouro para receber novas revelações acerca de mim mesma. A doença, por ser uma disfunção, acaba sempre por apontar o caminho de retorno a uma verdade essencial que sempre esteve lá, à nossa espera.

Aprendi a:

- Honrar minha necessidade semanal de lazer, fundamental para minha criança interior, que é dada a prazeres e brincadeiras. Voltei a rir mais e a brincar.
- Ter tempo para a reflexão e para pensar, simplesmente. Para refletir e pensar sobre as mudanças que estavam ocorrendo,

ajudando a psique a trazer à tona emoções em turbilhão, decorrentes de uma nova fase em minha relação com meus pais.

- A permitir que os outros também contribuam para meu bem-estar, ou seja, aprendi a receber. Passei a partilhar também minhas dores.
- A dizer aquilo que pensava, o que sentia, o que me intimidava, o que não queria em minhas relações. Deixei de fingir que não percebia coisa alguma quando sentia o meio potencialmente hostil ou desafiador.
- A cuidar melhor de meu corpo, o que significava: escutar com atenção suas mensagens, não passando negligentemente por cima delas, como habitualmente fazia; validar essas necessidades vitais (de exercitar o corpo e de refinar a nutrição) e assumi-las como prioridade, passando *verdadeiramente* à ação. Passei a fazer exercícios físicos como uma oração, a comer com gratidão, a oferecer todas as minhas atividades, como uma oração a Deus.

Agradeço diariamente ao meu corpo por sua sabedoria, seus sinais, seu funcionamento, seu empenho, seu compromisso e seu amor por mim. Nossas células têm uma consciência individual. Cada uma delas trabalha para a harmonia do todo, espelhando um princípio universal fundamental. O corpo físico espelha a natureza dos quatro elementos — água, terra, fogo e ar — e é o veículo por meio do qual experimentamos a vida, tendo, assim, a oportunidade de evoluir. Ele merece nosso máximo respeito, compaixão, disciplina e amor. Sempre olhei com certa reserva aquelas ideologias extremadas em qualquer religião ou tradição, que advogam que o corpo não é nada, é apenas uma "maquiagem", que deve ser ignorado e, pior, castigado, batalhado, odiado. Sim, o corpo é transitório, e nunca chegaremos à essência eterna pela forma. Mas a essência assume uma forma e a habita, sacraliza; por isso diz-se que o corpo é o templo do espírito. É também o espelho do estado de nossa mente. Não pela firmeza ou beleza das formas (tal como os padrões atuais de beleza os definem), mas pela energia, pela consciência, pelo amor e pela paz que essas formas emanam e que, por sua vez, dependem do nosso "grau de identificação" com o *self* ou Eu Divino. Mahatma Gandhi era um homem muito belo. Madre Teresa foi uma das mulheres mais magnéticas do seu tempo. O corpo não é opaco nem embaçado, como parece. Ele deixa transparecer a qualidade do nosso interior. E isso é sentido em vários níveis: físico, cognitivo, energético, intuitivo. O que acontece é que a maioria das pessoas ainda não está apta a fazer essa leitura. Nosso olhar, nossa fisionomia, as marcas que as rugas traçam em nosso rosto, a expressão do nosso corpo, tudo revela o nível de integração de nossa alma com nossa personalidade, nosso grau de sensibilidade e de inteligência amorosa. Nosso nível de adesão ao Amor Maior.

Afirmação:

Eu amo meu corpo e meu corpo me ama.

Afirmação para apoiar a cura emocional da criança interior. Muito importante para quem foi muito acusado, abusado e manipulado na infância:

Independentemente do que tenha feito ou não, eu, ______ ______________________ (nome), sou sempre inocente.

As Feridas da Criança

Os padrões mais comuns de sofrimento afetivo de nossa criança interior são:

- Medo de não ser amado/rejeição;
- Medo de ser abandonado e de ficar só;
- Medo de perder a pessoa amada.

Construímos diversas defesas para gerir esses medos:

- A indiferença, a passividade, o isolamento, a dependência, a violência, as obsessões de qualquer tipo, como a sexual, a de estar no controle, trabalhar ou comer. Na infância, construímos padrões de relacionamento com nossa família que nos acompanharão nas relações da vida adulta. Tudo o que não resolvemos com nossos pais vai aparecer na relação com nossos cônjuges e/ou superiores hierárquicos e com figuras de autoridade em geral. O que não resolvemos com os nossos irmãos tende a se repetir com colegas, filhos e amigos — numa interessante simetria oculta em que uma pauta musical invisível marca o ritmo e a intensidade da dança das relações. O que não perdoamos nossa mãe ter feito (sejamos homem ou mulher) se transforma em ressentimento que atiraremos em cima do nosso parceiro. O que o pai nos roubou (tempo, amor, proteção, segurança, validação), cobraremos do nosso parceiro, com juros. Quando percebermos que estamos repetindo os padrões da infância, devemos começar a refletir sobre:

- Aceitação cada vez maior da infância, dos pais que tivemos, fazendo-se necessário o "luto" pelos pais idealizados, que gostaríamos de ter tido.
- Aceitação cada vez maior do que foi vivido, abrindo espaço para o perdão gradualmente mais profundo e integral.
- Aceitação cada vez maior das escolhas passadas, presentes e futuras dos nossos progenitores. Quando aceitamos em nosso coração que eles fizeram o melhor possível com o que sabiam e com as próprias limitações de várias ordens, começamos a resolver nosso carma com eles, construímos um desapego crescente em relação às nossas próprias expectativas sobre o que a vida deles deveria ter sido ou poderia vir a ser, o que abre um novo e surpreendente espaço para o amor. Isso nem sempre significa que a relação melhorará ou que o outro mudará, mas que certamente nós mudamos, ao aceitarmos e permitirmos que os pais escolham para si o destino que quiserem. Então, libertamo-nos para construir para nós um destino mais individualizado, mais integrado, consciente e feliz. Ao deixarmos de nos identificar com as dores dos nossos pais, conquistamos uma nova liberdade na capacidade de escolher outras soluções para nossa vida, sem culpas nem desculpas. Deixamos de manifestar as mesmas doenças, as mesmas crises e as mesmas amarguras.

Recriamo-nos, descobrimos uma nova autenticidade, nos tornamos um novo e mais poderoso modelo de Vida para nossos filhos, amigos e companheiros. Paradoxalmente, quanto mais libertamos nossos pais, aceitamos suas escolhas e os perdoamos, mais conseguiremos amá-los. Eles ainda podem ser vítimas, manipuladores ou ausentes. Mas nossa força de amor aumentou, e, ao nos tornarmos menos dependentes de suas falhas em nos desculpar por não sermos o melhor que podemos, começamos a desfrutar de mais paz em sua companhia ou sua ausência. Porque essa paz incondicional é o presente que conquistamos pelo perdão. Assim, quando estamos com eles nessa paz, seremos menos perturbados do que antes. Sabemos que esses momentos de encontro são o que podemos partilhar e nós os aproveitamos para estar totalmente presentes, em paz, ou então escolhemos não estar.

Exercício:

Liste cinco palavras que lhe venham à memória espontaneamente para completar a seguinte frase:

Amor na infância é: ______________________

Depois, medite nas palavras que lhe surgiram sabendo que elas refletem para sua criança interior muito do que é o amor. Se alguma das palavras que você listou representar qualidades ou circunstâncias que faltam agora na sua vida, como, por exemplo, pessoas, segurança, intimidade, nutrição, então sua criança interior sentirá que o que falta é amor. Agora mesmo, pode haver uma parte específica de si que lhe rouba a paz, o estado de ser completo, sua centragem e felicidade. Que parte sua não se sente merecedora de amor, vida e oportunidades? Um dos maiores sabotadores do nosso sucesso é a culpa. Sentimo-nos culpados por ter sucesso porque, assim, podemos trair um dos pais ou ambos, que não foram bem-sucedidos.

Existem grupos de comportamentos dominantes que estão sendo estudados e que são extremamente úteis para nosso entendimento acerca das dinâmicas familiares. Apresento, em seguida, uma tipologia familiar que desenvolvi, baseada naquela que é apresentada no Método Louise Hay de Desenvolvimento Pessoal, para ajudá-lo a identificar a forma como sua família lida com suas feridas. São quatro tipos: o Pacificador, o Acusador, o Racionalizador e o Ausente, os quais reúnem várias características específicas. Tendemos a ter um ou dois tipos dominantes, embora possamos nos sentir identificados com todos os quatro, em diferentes proporções. Verifique primeiro na tipologia seguinte qual o seu tipo dominante e depois faça o mesmo para todos os membros de sua família de origem. Desenhe um quadro de correspondências familiares, com os tipos característicos de seus pais e irmãos, de seu(sua) parceiro(a) e filhos. Assim, você se dará conta dos padrões repetidos e poderá, com maior consciência e conhecimento, trabalhar no sentido de sua cura.

Uma Tipologia Familiar

Normalmente, numa família suficientemente numerosa, temos os quatro tipos dominantes representados no Quadro A.

Tipo	Características (atributos desafiadores)
Pacificador	Sempre tenta colocar panos quentes, apaziguar os conflitos. Mediador esforçado, compassivo e tolerante. Sente-se muitas vezes invisível e impotente. Tende a ser passivo e dependente da aprovação dos outros. Não se sente merecedor, tem frágil autoestima, reprime a raiva, apresenta excesso de autocontrole, que por vezes cai na polaridade oposta, em explosões emocionais. Secretamente, sente-se vítima; raras vezes, permite-se se queixar. Esconde sua carência afetiva dando aos outros quando ainda não está afetivamente amadurecido para tal. É, em geral, invadido e abusado. Não consegue dizer "não" sem se sentir culpado.
Acusador	Crítico, agressivo, para quem tudo está sempre mal. Os outros são sempre culpados por qualquer coisa; queixa-se de tudo. Pode ser perfeccionista, mas interiormente é muito inseguro. Manipula abertamente. Controlador. Vítima agressiva. Critica sempre; mas na verdade, não quer que os outros lhe tragam soluções, mas válvulas de escape para seu mal-estar. Pretende, assim, assustar os outros e não permitir que penetrem seu interior, onde poderiam descobrir suas profundas vulnerabilidades. Gera a própria dor ao atacar os outros.

Racionalizador	Racionaliza as emoções; tende a reprimir quaisquer sensações e sentimentos. Quer ter sempre razão e tenta demonstrar isso pela lógica. Emocionalmente distante, tem medo de assumir compromissos e constrói um muro de frieza a seu redor. Raramente se abala, não se sente bem com manifestações de afeto e exibe um semblante impassível e distante. Teme profundamente as emoções, razão pela qual procura se livrar delas numa defensividade que tende ao isolamento.
Ausente	Tende a não se comprometer e a não participar da vida familiar. Para ele, está sempre tudo bem (desde que o deixem em paz). Não gosta de assumir responsabilidades nem aprecia regras. Tem uma presença simpática e aparentemente dócil, mas não se deixa controlar, porque *não está lá, não se deixa apegar.* Parece levar a vida com ligeireza e superficialidade. Adora se divertir e levar tudo *numa boa.* Muitas vezes tem complexo de Peter Pan (não quer crescer). Foge para frente: o prazer e a ausência de compromisso anestesiam sua dor.

Quadro A

Lei universal da polaridade

Tudo é dual na dimensão em que vivemos. Tudo tem seu oposto-complementar. Os opostos são idênticos em natureza, mas diferentes em grau. Todos os paradoxos são reconciliáveis. Tudo tem sua polaridade; tudo o que É tem seu duplo: positivo e negativo, luz e trevas, mortalidade e imortalidade, feminino e masculino, sol e lua etc.

Pela lei da polaridade, um marido acusador tende a atrair uma mulher pacificadora ou, em menor grau de intensidade, racionalizadora. Uma mulher acusadora tende a atrair um marido ausente ou racionalizador. Um pai acusador tende a ter filhos pacificadores ou ausentes. Uma mãe ausente tende a ter filhos acusadores ou racionalizadores. Verifique se mudou de padrão dominante ao longo da sua vida e se o mesmo aconteceu com os membros de sua família. Os pacificadores se transformam muitas vezes em acusadores (ou estão sempre atraindo-os) devido à raiva reprimida. Os racionalizadores atraem ausentes ou acusadores que os espelham de forma diferente, com suas emoções reprimidas.

Independentemente de seu tipo dominante, represente (como num teatro), de preferência em frente a um espelho, todos os quatro tipos, sobretudo o que for mais difícil para você. Entre na pele desse personagem e sinta como seria se assumisse mais essas características em suas relações. Como mudaria o equilíbrio nessas relações? Poria alguma coisa em relevo? Isso o assusta? Consegue prever algo positivo?

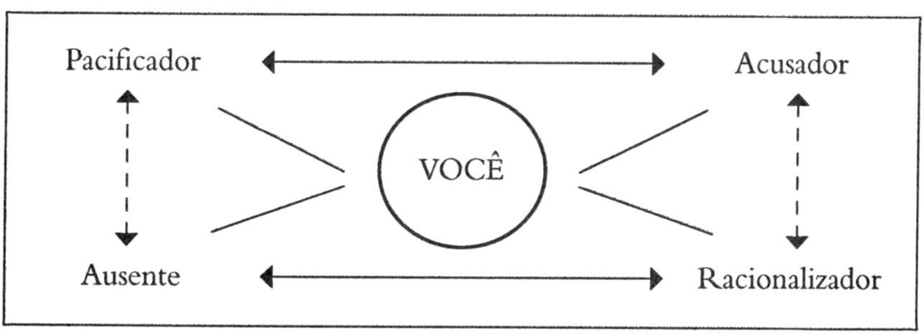

←→ Indica os pares de tipos dominantes mais comuns (que mais se atraem) e que caracterizam as relações mais desafiadoras.

← - - → Indica pares de tipos frequentes de relações.

——— Indica pares de tipos menos frequentes de relações.

Quadro B

Numa escala de 0 a 5, atribua pontuação a cada um dos quatro tipos, de acordo com sua autoimagem; 0 é ausência dos atributos do tipo em questão e 5 é o máximo de identificação com o mesmo tipo. Se decidir que não tem nada de acusador, por exemplo, não atribua pontos a esse tipo (mas talvez seja acusador de si mesmo!). Não se esqueça de que temos todas as características em nós mesmos, as quais protagonizamos consciente ou inconscientemente. Use esse exercício para conhecer melhor a si mesmo e acrescentar consciência a seus relacionamentos. Quanto mais elevada for sua pontuação num dado tipo, maior a tendência a atrair em suas relações alguém com o tipo dominante oposto ao seu. Esse tipo integrará características importantes de sua sombra (características inconscientes, positivas ou negativas, que tendemos a atrair em nossos parceiros). Teatralize o tipo dominante oposto ao seu, para melhor se identificar e familiarizar com esses aspectos dentro de si próprio. Teatralize todos os outros tipos, para verificar com quais se sente mais desconfortável (e o motivo por isso). Quem, em sua vida, assume esse papel?

A psique tende à totalidade, ou seja, promove o reconhecimento de *tudo o que somos,* fazendo-nos atrair exatamente quem exibe as características que conscientemente menos conhecemos, para as integrarmos gradualmente à nossa vida consciente. Assim vamos alargando o conceito de quem somos, tornando-nos psicologicamente mais circulares e expandidos, portanto mais inteiros, íntegros e próximos do nosso centro, o *self* ou Eu Verdadeiro.

O ego e o self, na maioria das tradições espirituais

- O ego ou pequeno-*self* é o centro da consciência inferior (a soma dos pensamentos, ideias, sentimentos, memórias e percepções). Identificado com o corpo físico, é nossa parte mais superficial. Essa mente é o "macaco" saltitante que pensa compulsivamente para assegurar a si mesma que terá existência futura (furtando-se a possibilidade de viver centrado no aqui e no agora). Do ponto de vista espiritual, está identificado com a parte de nós que se acredita separada do restante da criação, e esse (falso) isolamento justifica o medo, a raiva, a defensividade, a culpa e a agressão.

- O *self* ou *self*-verdadeiro, Atman, A Testemunha silenciosa, a Consciência Pura, é uma emanação, um raio direto do divino transcendente, não manifestado, Deus imanente. Quanto mais autoconscientes formos, mais nos identificamos gradualmente com o *self* em nós.

De acordo com Carl Gustav Jung, o *self* (Si-mesmo) é o centro da personalidade. É dele que emana todo o potencial energético de que a psique dispõe. É o ordenador dos processos psíquicos. Integra e equilibra todos os aspectos do inconsciente e, em situações normais, proporciona unidade e estabilidade à personalidade humana.

Quando deixamos de nos identificar, redutora e enganosamente, apenas com um ou outro aspecto de nós mesmos, expandimos nossa consciência, evoluímos e conquistamos as bênçãos correspondentes: nos tornamos mais completos e unos. O equilíbro das tendências opostas em nós se torna, gradualmente, maior e mais estável; nosso poder irradiador aumenta, assim como nosso magnetismo (a presença da alma).

Tipo	Qualidades (atributos construtivos)
Pacificador	Diplomata, conciliador, generoso, altruísta, bom conselheiro, curador e amante da paz, mas não a qualquer preço.
Acusador	Líder, rigoroso, competente, eficiente, metódico, analítico e trabalhador, inspira os outros a se superarem.
Racionalizador	Autocontrole, disciplina, capacidade de manter a serenidade, evitando as consequências da impulsividade, sensatez, isenção, seriedade. Pode-se contar com esse tipo.
Ausente	Tolerante, ensina a relaxar e a apreciar os prazeres da vida. Não se leva demasiadamente a sério, tem bom humor, é alegre, sociável e divertido. Ensina o desapego e a relativizar as coisas.

Quadro C

Cada um desses arquétipos corresponde a uma constelação de atributos em que expressamos, numa primeira fase de vida, os aspectos mais desafiadores (ver Quadro A). No entanto, quando deixamos de projetar nos outros os aspectos que reprimimos, desconhecemos ou negamos em nós e integramos a energia correspondente a cada tipo em nossa vida, começamos a vivenciar as dádivas que cada um possui. Todos esses quatro tipos, quando equilibrados, têm qualidades importantes para abençoar suas relações, conforme visto no Quadro C.

Não se trata de deixar de ser quem era; trata-se de integrar em si tendências desconhecidas, assustadoras e rejeitadas (que tendemos a projetar nos outros que atraímos), alcançando um novo equilíbrio psíquico, uma nova ordem interna. Essa metamorfose implica, em algum grau, a morte psíquica de quem éramos, para possibilitar um renascimento da pessoa que estamos *destinados* a ser.

Nesse processo de evolução, nossa identificação cresce conosco, e as qualidades ocultas em cada "defeito" psicológico podem florescer e perfumar nosso mundo. Cria-se um terreno propício a novos relacionamentos com os outros, mais estáveis, mais harmonizados, mais presentes e bem-vividos. Aprendemos a dar um novo uso, mais construtivo e criativo, à energia psíquica que antes expressávamos de forma mais negativa para nós e para os outros.

Em seguida, apresento um quadro no qual proponho o trabalho com os chacras e as afirmações, para cada tipo psicológico. Identifique agora o tipo que você mais necessita trabalhar e faça as afirmações correspondentes em voz alta, pensando-as, escrevendo-as ou cantando-as. Treine também as propostas para os chacras.

Chacra

A palavra chacra (do sânscrito) significa "roda". De acordo com o hinduísmo, os chacras são centros magnéticos de transformação da energia captada de todos os elementos. Eles captam, armazenam e distribuem essa energia. Estão relacionados com órgãos, glândulas e plexos nervosos do sistema espinal. Têm grande importância para nosso bem-estar e nosso equilíbrio físico, mental, emocional e espiritual. Os sete chacras principais estão localizados entre a base da coluna e o topo da cabeça, ao longo da coluna vertebral. A cada um correspondem um som, uma cor, um órgão, um mantra (som), um elemento e algumas funções vitais, entre outras características.

A METAMORFOSE EMOCIONAL: QUADRO DE CORRESPONDÊNCIAS

Postura emocional dominante	Chacra a trabalhar (disfunções)	Exercícios	Afirmações
Pacificador	Muladhara (1º ou raiz). Trabalhado, potencia a alegria de viver, a aceitação das coisas como elas são, a perseverança, a capacidade de assumirmos o nosso lugar no mundo sem destruir os outros.	Aprender a se relacionar melhor com o corpo, a senti-lo, a cuidar dele. Cantar o mantra LAM. Praticar atividades físicas.	Eu me amo e me aceito. Sou altamente respeitador de mim mesmo quando estou na presença dos outros. Sou merecedor de amor só porque respiro. Faço a diferença em minha vida. Sou poderoso. Sou um presente para os outros. Faço a magia acontecer. Digo não com confiança. Sou um ímã para relações felizes.
Acusador	Muladhara (1º ou raiz). Trabalhado, ajuda esse tipo emocional a confiar mais nos outros, a ser menos egoísta, mais tolerante. Ajuda a se libertar da sensação de se sentir perseguido e, portanto, de perseguir os outros. A vida deixa de ser um fardo, ganha raízes e motivação. Vishuddha ou 5º chacra (garganta). Trabalhado, produz transparência, capacidade de expressar as emoções do coração. A palavra cura, em vez de matar; deixa de falar para se mascarar ou para chamar a atenção sobre si mesmo. Desenvolve a intuição.	Partilhar mais com os outros, em todos os níveis. Prestar serviço voluntário. Praticar o não julgamento. Cantar o mantra HAM. Praticar escuta ativa. Promover a flexibilidade e o diálogo.	Eu me amo e me aceito. Perdoo-me e me liberto completamente de culpas. Aceito ser amado e apreciado pelo que sou. Aprecio cada vez mais a beleza que os outros trazem à minha vida. Assumo a responsabilidade por minhas necessidades emocionais.

Racionalizador	Svadhisthana (2º chacra do sacro). Trabalhado, harmoniza a tensão entre a mente e as emoções, e ajuda a superar o medo do desconhecido. Abertura aos outros, à troca, ao contato; capacidade de se adaptar às relações. Estimula a fantasia, a imaginação, a criatividade, a intimidade. Estimula o desejo de viagens, de expansão, de vida. Aprende a aceitar a dualidade e a se abrir para as transformações geradas pela emoção.	Fazer ioga. Regime vegetariano. Cantar o mantra VAM. Trabalhar com a imaginação/visualização. Partilhar seus desejos sem segundas intenções. Falar. Teatro. Biodança. Canto.	Eu me amo e me aceito. É seguro mostrar minhas emoções. Os outros estão mais do que desejosos de que eu seja eu mesmo. Fluo com segurança e prazer na vida.
Ausente	Muladhara (1º ou raiz) para se enraizar e Manipura (3º chacra ou solar). Trabalhado, supera a tendência de viver apenas para si próprio, toma consciência de suas necessidades afetivas e supera a necessidade de satisfazer apenas "os próprios" caprichos. Discernimento, em vez de avidez. Aceita falhar e seguir em frente.	Atividades que desenvolvam a disciplina e a concentração, como várias artes marciais, o tai chi ou o chi kung.	Eu me amo e me aceito. A vida é um lugar seguro. As relações revelam sempre o melhor de mim. É seguro e divertido crescer. Estou aberto e receptivo ao amor e à estabilidade emocional.

Quadro D

Todos os quatro tipos devem trabalhar o quarto chacra *Anahata* (cardíaco): cantar o mantra *Yam*. Depois de construída e purificada a personalidade, esse chacra nos abre para a espiritualidade. Aprendemos a perdoar e a ser perdoados. Desaparece a sensação de separatividade. O medo tende a ser transcendido, e reconhecemos que a vida que criamos com nossos pensamentos e ações é um espelho que sempre nos devolve a nós mesmos. Esse chacra, portal da alma, conduz à alegria, à reconciliação, à vontade de servir e ao dom de si mesmo. Dê o melhor de si. Viva plenamente e ajude os outros a se desenvolverem. Ame a si próprio e o próximo.

Exercício:
O rosário de chacras

Faça um rosário de chacras para apoiar sua meditação e intenção de reforçar e equilibrar todos os chacras. Preferencialmente use contas de materiais naturais, como madeira ou pedra, assim como um fio de seda, algodão ou couro. Você mesmo também pode fazê-las a partir de papel machê, barro, terracota etc. Cada conta deve ter a cor do chacra:

- Muladhara ou primeiro chacra: vermelho, mantra Lam.
- Svadhisthana ou segundo chacra: laranja, mantra Vam.
- Manipura ou terceiro chacra: amarelo, mantra Vam.
- Anahata ou quarto chacra: verde, mantra Yam.

- Vishuddha ou quinto chacra: azul-turquesa, mantra Ham.
- Ajna, o sexto chacra: azul índigo, mantra Om.
- Sahasrara ou sétimo chacra: cor lilás, o som é o do silêncio.

O rosário pode ter sete contas de cada chacra (7 x 7), colocadas sequencialmente, de acordo com a referida ordem dos chacras. Ao compor seu rosário, você deve se concentrar em cada conta-chacra que está sendo colocada, entoando o mantra correspondente. Poderá usar seu rosário em suas meditações diárias, a fim de promover equilíbrio, interiorização e ligação a seu próprio centro interno.

Uma Filha Apaziguadora e um Pai Acusador

Lúcia foi minha paciente recentemente e, a certa altura do acompanhamento, quando trabalhávamos sua relação com o pai, sofreu uma crise inesperada de asma.

Lúcia fizera um longo percurso buscando a cura e a transcendência das marcas profundas deixadas em sua alma por um pai hipercrítico e exigente, violento física e emocionalmente. Aos 40 anos e após várias fases em sua relação com ele — durante as quais se deu o direito de ser filha ausente de um pai ausente —, havia chegado, com ele, a um patamar muito importante de perdão e reconciliação. Após esse longo processo de libertação das mágoas do passado, a relação de ambos começou a mudar de forma maravilhosa. O pai de Lúcia se mostrou mais afetuoso e tolerante com os netos, mais preocupado com ela e mais orgulhoso de seus sucessos. A criança interior de Lúcia andava radiante com esse reconhecimento, essa nova atenção que o pai lhe negara até então. Conseguiu até mesmo ultrapassar a barreira fria que sempre a impedira de dizer "Gosto muito de você, pai". Posteriormente, aos 71 anos e após três anos de namoro, seu pai, feliz e modificado, resolveu se casar pela segunda vez, convidando-a para ser sua madrinha de casamento. Lúcia ficou feliz e esperançada numa nova e consolidada fase de sua relação com ele e de sua própria vida. Contra todas as expectativas, porém, poucos meses depois, a mulher acabou deixando-o, devido a comportamentos insuportáveis: ciúme doentio, ausência constante do lar, maus-tratos verbais e crescente dureza e isolamento.

Era como se, da noite para o dia, o velho homem que tão bem conhecia em sua infância regressasse das profundezas do túmulo para assombrar quem quer que ousasse amá-lo de novo.

Foi quando Lúcia soube que o pai — homem com uma fortuna considerável — havia doado parte do seu patrimônio ao filho (irmão de Lúcia), preparando-se para deserdá-la.

Todas as feridas que pareciam cicatrizadas voltaram a arder no coração dela. Voltaram todas as memórias, as ausências e as negações. Após os 14 anos, época em que seus pais se divorciaram, por vontade de sua mãe, o pouco que seu pai lhe dava em termos materiais e afetivos deixou de existir. Ele estendeu seu rancor da mãe aos filhos e, sobretudo, à filha mulher, pois seu problema fundamental era com o sexo feminino. Ele passou a viver para seus amigos e namoradas. Lúcia nunca ousou pedir nada a ele (não porque não tivesse desesperadamente precisado, mas porque aceitou que ele tinha o direito de lhe negar o que quisesse, decidindo lutar por si mesma, face às grandes dificuldades que enfrentou).

Agora, tantos anos passados, sofria com o choque, a dor da revolta de se saber mais uma vez preterida e rejeitada. Não era uma questão de dinheiro ou de bens; era, sobretudo, uma questão de amor. Com aquele gesto que julgou profundamente injusto, ela sentia também que deixava de ter validade para ele. Deixá-la de fora da sua herança era ficar exclusa de seu amor — era reabrir a ferida infantil de rejeição. Lúcia recordou, numa sessão: ele sempre dizia que eu não precisava de coisa alguma. Eu, a quem ele havia negado seu amor de pai, o apoio e as palavras de confiança. Nessa sessão, decidiu telefonar para ele e dizer tudo o que sentia. Nesse momento, recordou Lúcia mais tarde, uma dor reprimida que pensava já não existir mais jorrou com toda a força da verdade de seu sentir. Com o coração em chamas, falou para ele em dez minutos sobre a dor de quarenta anos. Ele, do outro lado, apenas escutou. Mais do que tudo, Lúcia sentiu como se um véu tivesse caído e assim perdido a inocência dela. Não a inocência-pureza, mas uma fantasia persistente que não quer crescer. Deixou finalmente de o ver com os olhos da criança faminta que ainda queria o pai idealizado. Abriu-se um novo olhar, mais lúcido, mais real e mais adulto. E com esse momento de catarse e grande profundidade, vieram revelações internas, e uma nova ordem se mobilizou em sua psique.

Lúcia percebeu que nunca tinha parado o suficiente para estar com a própria dor, para fazer o luto de mais uma camada de pai idealizado; agora, a camada mais grossa havia estalado definitivamente. Finalmente deu a si a oportunidade de parar, chorar sozinha, deixar a raiva e o desejo de vingança saírem calmamente, abraçar e consolar sua criança interior absolutamente devastada. Fez um exercício, que recomendo a meus alunos, para trabalhar com a revolta e a raiva: as cartas de *completude.* Escreveu ao pai uma primeira carta expondo toda a dor e a profunda extensão do sofrimento que "ele" havia causado desde que ela nascera. Não poupou palavras nem memórias.

Depois, passado algum tempo, quando sentiu maior espaço interior, escreveu a segunda carta — aquela em que relatava tudo de positivo que havia aprendido com ele, com a experiência de ser sua filha. Sim, porque os pais podem nos deserdar, mas nos deixam sempre um legado. Em seu caso, a grande exigência por parte do pai ajudou a fazer dela uma profissional com padrões de qualidade que sempre lhe abriram portas profissionalmente. Sua ausência de apoio a todos os níveis fez germinar em Lúcia a semente da guerreira — tornou-se uma *Self made woman* e uma mulher com muitos êxitos e muitas conquistas tranquilas. A incapacidade de expressar o afeto de seu pai a ajudou a levar sua carência ao limite, a pedir ajuda, e no seu processo de procura e afirmação da individualidade e de recuperação, permitiu que ela própria se tornasse conselheira, facilitando os processos de recuperação e paz interior de outras pessoas.

Foi quando escreveu a segunda carta que Lúcia recordou vividamente o passado do pai — um menino arrancado da mãe com um ano de idade, que sofreu desde então maus-tratos físicos e emocionais de uma madrasta prepotente, ciumenta e insensível. Com um pai severo, distante e rígido, que valorizava o dinheiro acima de tudo. O dinheiro se tornou o único deus (menor) do pai, a única fidelidade, a única fonte de segurança (uma vez que as relações de intimidade não eram seguras, mas sinônimo de abandono e violência) e de "liberdade". "Liberdade" porque seu pai nunca soube que a verdadeira Liberdade não se compra com dinheiro algum, mas pelo preço de nos rendermos e alinharmos aos apelos profundos de nossa alma. Fizemos um exercício em que Lúcia o visualizou como uma criança de 4 ou 5 anos, sedenta de amor e sem saber para onde se virar afim de encontrá-lo. Foi quando ela percebeu claramente que essa mesma criança ainda o habitava, com as feridas escancaradas — talvez mais camufladas por todas as águas que correram debaixo de sua ponte. E chorou compassivamente pela criança de seu pai. E entrou no silêncio profundo e redentor que sempre alcançamos quando perdoamos para além da necessidade de compreender qualquer outra coisa. É a antecâmara do coração.

Comoveu-se com a perfeição do drama da vida e percebeu, uma vez mais e na própria vida, como as imperfeições humanas podem gerar a mais comovente perfeição — nas revelações do perdão, do amor incondicional, da generosidade e da grandiosidade da alma.

Assim, estava preparada para escrever a última carta, a de síntese, em que já devemos estar preparados para o perdão se as duas cartas anteriores tiverem sido escritas com toda a verdade do nosso sentimento e com a vontade de não deixarmos de fora qualquer pedaço da história — mesmo que isso seja cômodo para nossa dor. Terminou agradecendo ao pai serena e profundamente pela passagem em sua vida. Quando se sentiu internamente pronta, queimou as cartas num pequeno ritual que muito a pacificou, deixando-a com a noção plena de mais uma iniciação dobrada, de mais um degrau subido na espiral de seu caminho.

Lúcia me disse numa de nossas últimas sessões: "Sei que nunca vou mudá-lo; desisti definitivamente disso. Mas sei que posso mudar a mim mesma, escolher vê-lo como ele é — não como uma perversa caricatura de homem, mas como um ser merecedor de compaixão — e seguir adiante com minha vida. Posso desejar sempre o melhor para ele e mantê-lo num cantinho de meu coração, mesmo que já não seja íntima dele e raramente nos encontremos. Mas aprendi a aceitar o que ele me dá nos encontros que temos, e é isso que levarei de meu pai pela vida afora."

Lúcia descobriu também que crescer, amadurecer e aprender a aceitar as coisas como elas são não significa necessariamente perder a inocência. A pureza de coração está na forma como *escolhemos* agir perante o que nos acontece. Com mais ou menos lucidez, coragem e verdade. Assim, ninguém jamais poderá, com seus atos, roubar a inocência de nosso ser, a não ser que a roubemos de nós próprios. Se não cairmos na tentação do caminho aparentemente mais fácil (não o é!) de julgar os outros pelo que nos fizeram ou deixaram de fazer, se agarrarmos a vida nas mãos e ousarmos fazer com ela o melhor que nosso conhecimento e consciência permitirem, então viveremos voluntariamente a mais grandiosa versão de nós mesmos! Lúcia é hoje uma mulher grandiosa; não que tivesse deixado de o ser; só que hoje ela o sabe no coração e vive como tal.

Muito provavelmente, ninguém consegue mudar, transcender suas mais profundas limitações, sem algum tipo de terapia ou sem momentos de profunda e ativa introspecção onde se ponha em xeque e se reavalie com a coragem possível; ou, ainda, sem a graça divina, sem trilhar o caminho da transcendência. Acredito que é impossível transcender sem qualquer das três situações presentes. Tal experiência relatada confirmou mais uma vez. Por isso valorizo tanto pessoas como você, leitor, que procuram um sinal, uma pista, uma resposta, uma visão ou uma revisão de fragmentos ou do todo da sua experiência. Mantenha-se aberto e disponível para evoluir e a Vida tocará sua vida de muitas e surpreendentes formas, mostrando-lhe o fio condutor da sua existência, o fio invisível que vai tecendo histórias dentro da história maior que lhe coube escrever com sua carne e seu sangue, sua mente e seu coração e, sobretudo, com sua alma.

Pais e Filhos

Descobri, por meio do meu trabalho com a leitura de milhares de mapas astrológicos, que raramente temos os pais que gostaríamos de ter tido. Depois de analisar os mapas dos pais e a infância dos filhos, concluímos que, mesmo nas infâncias mais felizes, quase sempre há algo que as pessoas imputam aos pais como falha. Na verdade, independentemente de quanto os pais possam ter sido excelentes (ou não), o assunto aqui trata do conflito arquetípico entre filho e pai/mãe. Esse conflito arquetípico, que habita no inconsciente individual e coletivo da humanidade, é como um guião invisível que determina um dos cenários da vida em que o herói — cada um de nós —, em sua viagem evolutiva e iniciática vai enfrentar seus medos, dependências, vai aprender a se afirmar e a construir seu lugar na vida, a lidar com a autoridade, a temperar, na forja dos relacionamentos parentais, o aço de suas competências sociais.

Arquétipos

Os arquétipos são modelos inatos que servem de matriz ao desenvolvimento da psique. A constante repetição de uma mesma experiência, durante muitas gerações, produz "imagens primordiais" ou arquétipos, que são comuns às várias culturas. Carl G. Jung descobriu que eles habitam não só o inconsciente pessoal, como também o inconsciente coletivo, e que muitas vezes se revelam nos sonhos.

Trata-se de um conflito arquetípico entre pais e filhos, o que significa que, por trás daquele pai e daquela mãe de carne e osso, há um guião oculto a se desenrolar a partir do inconsciente de todos esses atores no palco da vida. Esse guião comporta várias iniciações vividas também a partir da relação com nossos pais, independentemente do fato de eles serem o senhor Almeida e a dona Ana. Esse guião traduz, ao longo das diversas fases de nossa vida, as várias etapas da evolução da própria humanidade. Por isso nos destina a lidar com a impotência, a frustração e a revolta. Por isso nos dá também a oportunidade de sermos compassivos, de lidarmos com a culpa, de revelarmos mutuamente nossos conflitos internos. Por isso nos convida a, esperançosamente, escolher o amor incondicional depois de compreendermos o quanto cada um de nós se espelha no outro, o quanto cada filho é entremeado dos sonhos (realizados ou não) dos pais, assim como das lágrimas, das perdas e dos vazios de seus ancestrais.

O mito grego de Deméter e Perséfone

Muito aprendemos com os mitos de todas as culturas e tradições. As grandes mitologias nos ensinam sobre a vida quando nos identificamos com as histórias sobre como resolver nossos problemas. Muitos séculos antes de nós, os deuses viveram, se apaixonaram, traíram e foram traídos, perderam entes queridos e se recuperaram, nos ensinando todas as fases desses processos. A vida deles nos dá chaves importantes para nossos dilemas, nossas angústias e perguntas sem resposta.

Um mito grego particularmente belo, profundo e rico de significados é o de Deméter e Perséfone:

> Deméter era uma importante deusa do Olimpo: deusa dos cereais, senhora das colheitas, rainha da terra e mãe mais que amorosa, cuidadora da vida. Teve com Zeus, rei dos deuses, uma bela filha, a donzela Perséfone, que era a menina dos olhos de sua mãe. Um dia Perséfone estava brincando com suas amigas musas num campo de trigo, entre plantas e flores. A donzela era a imagem da inocência, da alegria, da despreocupação, ou seja, daquele estado idílico e protegido, próprio do final da infância. Perséfone brincava inocentemente entre as flores, amada e feliz.
>
> Eis que, vindo das profundezas da terra, na sua carruagem puxada por cavalos, surge repentinamente e poderoso o deus Hades, o senhor do submundo e dos infernos, que rapta a horrorizada donzela, que grita em vão pela sua mãe. Impotente, tomada de pânico e surpresa, Perséfone desaparece debaixo da terra, que se fecha de novo, sob os belos campos dourados de verão. Suas aias, ainda estarrecidas e sem saber o que havia acontecido, não tiveram coragem de contar à mãe, Deméter, o que se passara com sua muito amada menina. Quando Deméter soube que sua Perséfone desaparecera, quase morreu de tanta dor (e poderia ter morrido, não fossem os deuses imortais). Arrasada, cambaleante, com o coração em chamas, Deméter foi perguntar por ela a todos os deuses do Olimpo. Ninguém sabia o que havia acontecido a Perséfone. Os deuses sabiam do acordo entre Zeus, pai de Perséfone, e Hades, seu próprio irmão. Porém, nenhum deles teve coragem de contar a verdade a uma das deusas mais poderosas do Olimpo, pois teriam

de desmascarar o mais poderoso dos deuses e não queriam incorrer na ira dele. Zeus devia um favor a Hades, seu irmão, e, tal como tantas vezes aconteceu (e acontece) com nossos pais humanos, que negociavam e acordavam os casamentos de suas filhas em função dos próprios interesses, ele pagou a sua dívida permitindo que Hades raptasse e tomasse Perséfone como mulher, levando-a para seu reino no submundo.

Desde esse dia, Deméter, rainha da vida, das colheitas e do sol, embrulhou toda a terra no seu manto negro e gélido de dor e pranto. A terra ficou escura, gelada; as colheitas e os animais morreram, para grande consternação dos humanos. Os deuses do Olimpo perceberam que, se aquela maldição que se abatia pela terra durasse muito mais, tudo ficaria arruinado. Suplicaram a Zeus que demovesse Hades de seu intento de isolar Perséfone e que a deixasse visitar a mãe. Depois de muito insistir, Zeus conseguiu que Hades deixasse Perséfone subir ao mundo solar, mas apenas durante dois terços do ano. No outro terço, ela viveria com seu marido no submundo.

Conta o mito que Perséfone desceu donzela e subiu mulher e mãe, com um bebê ao colo. Quando finalmente Deméter abraçou sua filha amada, o Sol voltou a brilhar, o calor desceu à Terra, a natureza renasceu e a alegria, a luz e a vida despontaram em todos os corações. Muitas mães e muitos pais com filhas donzelas ou que já saíram de casa (para fundar a própria família ou por outros motivos) sabem avaliar particularmente bem a dor e a felicidade de Deméter.

O mito tem muitos níveis de interpretação e muitas facetas. Vamos considerar alguns.

Deméter e Perséfone: mães e filhos que estão crescendo

Susana

Susana, uma paciente minha com cerca de 50 anos, divorciada duas vezes, com dois filhos, tem uma mãe afetivamente fria, sutilmente acusadora, que se vitimizou durante toda a vida por ter sido abandonada pelo pai de minha paciente. Susana sempre sentiu esse peso, essa amargura e raiva maldisfarçada da mãe. Apesar de sua idade, de ser uma mulher inteligente, com doutorado, de ter trabalhado em vários países do mundo, o sutil porém poderoso laço de dependência e menorização continuava na relação com sua mãe, que também tentava controlá-la oferecendo-lhe dinheiro. Só quando iniciou um processo terapêutico é que foi possível lidar com a mágoa e o ressentimento acumulados com a mãe. Descobriu que, como a mãe tinha o monopólio da vitimização, ela nunca havia permitido se queixar, mas era muito crítica com as outras pessoas — na verdade, repetia inconscientemente o padrão da mãe que tanto rejeitava (aquilo a que resistimos, que rejeitamos, persiste). Como detestava o papel de vítima da mãe, foi a última a perceber que se sentia tanto ou mais vítima do que ela e que, afinal, estava sempre encarnando tal papel quando criticava constantemente os outros.

Perdoou a mãe, perdoou a si mesma e decidiu resgatar seu poder interno organizando sua vida financeira para não se sabotar e ficar à mercê dos jogos de manipulação que a mãe fazia quando lhe oferecia ou emprestava dinheiro. Libertou-se, cresceu, aprendeu a se amar mais e nasceu no seu coração uma nova compaixão pela mãe; a relação livrou-se das tensões não verbalizadas. Desapareceram, inclusive, os sintomas de uma doença crônica de muitos anos, e sua saúde melhorou consideravelmente.

Teresa

Outra mulher com uma mãe Deméter: o excesso de amor da mãe — aliado a excesso de controle, de comida e de expectativas — contribuiu para o excesso de peso de Teresa desde a infância, pois inconscientemente a mãe é uma sedutora que tenta sufocar os filhos, os amantes, os amigos, invadindo sistematicamente seu espaço. As mães do tipo Deméter podem ser frequentemente castradoras, mesmo que disfarçadas sob uma capa de mãe mais que amorosa. Os amigos dessas mães comentam sobre como adorariam ter mães assim, mas os filhos e companheiros delas frequentemente têm problemas: são típicos o excesso ou a insuficiência de peso e/ou os problemas financeiros.

Há outro tipo de mãe, as mães do tipo Hera, que podem ser o oposto. São mães com rigidez de princípios, emocionalmente áridas, exigentes, disciplinadoras, orientadas ao sucesso dos maridos (por meio dos quais vão buscar o poder de que tanto precisam) e que passam exatamente isso para os filhos. Essas filhas podem tentar corresponder ao ideal distorcido, equivocado e redutor da verdadeira paz interior, de ser a mulher perfeita, de ser tudo para todos. Podem se tornar mães das próprias mães, mas nem assim essas mães deixam de ser eternas insatisfeitas e cobradoras permanentes de um ideal que nunca conseguiram atingir para si mesmas, que tentam viver, sem contemplações, por intermédio dos filhos. Subvertendo assim a ordem oculta do amor (como chamou Bert Hellinger em seu livro *A simetria oculta do amor),* pagam um preço demasiadamente elevado pela pútrida pseudosegurança que essa relação familiar lhes traz. Quando as filhas, em sua impotência e frustração, não conseguem transcender essa relação potencialmente destrutiva e transformá-la, os sentimentos reprimidos de raiva e de culpa muitas vezes se concretizam e ulceram, criando doenças físicas. Vemos assim muitas dessas mães e filhas (naturalmente, as mães também foram vítimas das feridas de suas próprias mães) criando doenças do corpo e da mente, como materialização dos conflitos que não conseguem gerir em um nível mais consciente. Ambas, mães e filhas, precisam de uma profunda recuperação interna, do restabelecimento de laços de amor, carinho e tolerância em relação a si mesmas, para ser possível preencher a carência profunda de suas almas e curar as feridas antigas.

Quando, por outro lado, as filhas tentam se revoltar, ser autônomas e cortar o cordão umbilical, passam por uma severa luta em que são as más da situação e podem, para além da raiva e do despeito da mãe — e muitas vezes, da própria família —, ter de enfrentar a própria autoaversão, uma vez que uma parte de sua criança interior se detesta por ter a ousadia de ser "má" frente à mãe todo-poderosa. Na maioria das vezes, sentimos que, não importa o que façamos, parece que perdemos sempre. Perdemos se nos calarmos e aceitarmos mais ou menos passivamente a vitimização, a ditadura da culpa e o peso da manipulação.

Essa ferida é particularmente difícil de gerir e curar no caso dos filhos homens, quando decidem assumir a necessidade de crescer, a busca de sua identidade para além desse figurino que fomenta codependências ou que deposita neles insidiosamente ambições secretas de poder que desconhecem não serem deles suas. Depositam-se nesses filhos todas as esperanças de chegar a um ponto em que os pais não conseguiram, e não estou falando aqui do anseio de transcendência e êxito na autoexpressão, que é natural e saudável nas famílias. Refiro-me à canibalização da vida dos filhos por parte dos pais, cujas frustração e impotência semeiam na prole sementes de vidas potencialmente infelizes porque nada têm a ver com a pessoa que os pais são, mas com quem não conseguiram ser. E, muitas vezes, na vida real de todos nós, isso não podia divergir mais; o que os pais querem que os filhos sejam não pode ser mais diverso do que o que os filhos querem para si mesmos.

Levei vários anos para perceber de forma satisfatória para minhas reais necessidades o quanto minha própria ambição de realização no mundo e meu desejo de sucesso eram genuínos e o quanto estavam contaminados com as projeções cuidadosamente nutridas ao longo da minha infância e juventude. Qualquer sucesso se transforma, tragicamente, num presente envenenado se não corresponder à expressão mais exata de nossa alma, se não honrar nossa essência em primeiro lugar. Quando compreendi isso e me comprometi a descobrir meu eu profundo com todo o coração, aquilo que realmente me inspirava e as melhores formas de expressão no mundo e na vida, expressão de quem realmente sou, comecei por empreender uma jornada ao passado, às minhas raízes emocionais, e procurei resgatar-me de onde havia ficado. Tive de passar por um período em que pus tudo em pauta: o que fazia, o que me dava prazer, o que julgava me devolver a mim mesma. Desconfiei de tudo até perceber se o que eu fazia correspondia efetivamente a mim própria. Descobri, lenta e seguramente, que, afinal, gostava de ensinar, de escrever e de partilhar conhecimentos. Que a minha criatividade se desdobra quando está a serviço dessas atividades. Que me expando e transcendo quando penso como posso acrescentar alguma coisa à vida de quem me procura para ter sessões de terapia, com as sínteses que vou fazendo de minhas vivências. A partir de então, validei minhas escolhas e segui em frente com renovada confiança em meus objetivos e em minha missão essencial de vida.

Os filhos homens, de quem falávamos anteriormente, ou aceitam ser dependentes e vivem a raiva inconsciente por meio do álcool ou praticando outras formas de alienação e fuga, como casamentos desastrosos, finanças caóticas, tendência a ter acidentes de carro (conheço o caso dramático de um homem que viveu tudo isso ao mesmo tempo); ou saem (melhor dizendo, fogem) de casa e da influência da mãe, dedicando-se extraordinariamente às suas ambições profissionais. Muitas vezes, acabam por casar — ironia da psique — com a "mulher de quem fugiram" (outra mãe), ou seja, sempre se sentirão vítimas, até aprenderem a lidar com suas feridas e a estabelecer os processos naturais de amadurecimento psíquico-afetivo. Também podem desprezar uma vida afetiva estável e negar o modelo familiar proposto pela mãe, jamais casando e seguindo de relação em relação (em geral, com mulheres tipo Vênus, amantes sensuais para quem o amor é a prioridade, exatamente o oposto da mãe). Nessas relações, eles expressam claramente, em sua incapacidade de estabelecer relações mais profundas de verdadeira intimidade com as mulheres, o amor-ódio que nutrem pela mãe e que precisam aprender a curar.

Pelo meu processo pessoal, estimulo essas mulheres e esses homens a enfrentarem o doloroso mas extraordinário caminho da autoconsciência; induzo a que paguem o preço necessário para crescer e curar suas feridas; a percorrermos o caminho da autodescoberta e do amor-próprio, que vai nos ensinando a responsabilidade de sermos quem somos, de ousarmos assumir nossas escolhas no caminho que dignifica nossa verdade interior. É a única forma de deixarmos de ser inconscientemente conduzidos na vida por imagens parentais carregadas de dor que nos passam (novamente, consciente e inconscientemente) expectativas pretensamente perfeccionistas sobre como deveremos ser bem-sucedidos na vida. E a única forma de curarmos as nossas feridas é aceitando descobrir nossa natureza individual e nutri-la até a sua mais elevada expressão.

É a forma de sairmos do círculo vicioso da dependência-vergonha-raiva e de aprendermos a amar nossos pais mais profundamente, mais compassivamente, mais sabiamente. É o único modo verdadeiro de aceitá-los como são e de respeitarmos as escolhas que fizeram, na construção de sua vida. Teremos de aprender a dizer não aos nossos pais e a estabelecer limites que protejam e promovam nossa cura emocional e saúde psíquica. Muito provavelmente, teremos de pedir ajuda no processo: terapia, cursos de desenvolvimento pessoal, informação, amigos que saibam escutar, aceitar e partilhar conosco, sacerdotes, professores, familiares e companheiros. Mas crescer vale a pena e é inevitável, leve o tempo que levar. A Eternidade é muito paciente.

O Perdão

O perdão é um ato pessoal e voluntário. Isso significa que, para ele acontecer, não são necessárias terceiras pessoas. Posso perdoar alguém que esteja lá ou não, morto ou vivo, que não se considere digno de meu perdão ou mesmo sob discordância de outros.

O perdão só depende de mim. Quando perdoo alguém por me ter magoado, não estou justificando seu comportamento. Estou me libertando da necessidade de sofrer pelo que alguém fez. Perdoo, deixo o ressentimento ir e me sinto LIVRE e mais poderoso!

Se decido perdoar, é um ato de minha vontade e que liberta sobretudo *a mim*. Perdoar não é justificar um comportamento reprovável, não é reprimir a raiva, não é fingir que não aconteceu. É ver de outra perspectiva, esta que implica ir para além da dualidade da mente. Implica chegar lá com o coração. Perdoar é uma virtude espiritual porque não conseguimos fazer isso a partir do ego inferior, para quem perdoar "não é racional", não é compreensível. *Um curso em milagres* diz que Deus não perdoa porque Ele não julga. Num estado elevado de consciência em que a abertura do coração se torna possível, entramos numa dimensão em que não existe separação e onde nos ligamos ao outro a partir da essência que ambos partilhamos. Quando estamos aí, é impossível não perdoar, porque o sentimento de silenciosa paz interna e de gratidão — até pelo outro ter estado em nossa vida espelhando uma parte de nós — é muito grande. Então surgem lágrimas de gratidão e de amor, e não há palavras capazes de traduzir o sentimento mais definitivo quando percebemos, finalmente, que não há nada para perdoar porque... nunca houve ofensa. Começamos a conquistar a maestria da nossa vida quando somos conduzidos pela sabedoria do coração ou pelo *self.* Quando transcendemos gradualmente os julgamentos limitadores e enganosos — isso é bom, aquilo é ruim, esse é um monstro, aquele é um santo, eu sou assim, você é assado — começamos a intuir a perfeição de tudo que é.

No momento em que me encontro, tudo é perfeito, pleno e completo.
Estou unificado com a perfeição que me criou.
Louise Hay

Madalena

Madalena é uma cliente minha de 54 anos, uma mulher de grande coração e médica devotadíssima. A certa altura de sua carreira, surgiu a possibilidade de se candidatar a um exame curricular em sua especialidade, feito por um júri de médicos, com a possibilidade de ascender profissionalmente. A primeira reação foi de insegurança e medo. Medo de passar por aquele exame, porque sete anos antes, havia passado por uma experiência semelhante que a tinha traumatizado, com um júri muito severo e provas rigorosas e extensivas, num clima de extrema tensão e frieza. Apesar de ter sido aprovada por unanimidade, a forma persecutória e dura com que foi tratada pelo júri a deixou sem vontade de querer submeter-se a provas semelhantes, mesmo que fosse para progredir na carreira. Um de seus maiores desafios de vida era impor-se e fazer-se respeitar como profissional, assumindo um potencial de liderança ou uma visibilidade, dos quais, no entanto, ela também fugia. Para ela, a possibilidade de ascender profissionalmente equivalia a ter de lidar com a dificuldade de ser assertiva, de estabelecer ou ajudar a cumprir regras, de se afirmar diante dos seus subordinados e seus pares. Evoluir na profissão ameaçava esse seu medo de não ser capaz de se impor em momentos decisivos. Então, Madalena fez uma escolha: ficar aquém do seu potencial. Mas uma parte dela sabia que a outra escolha lhe poderia ter aberto as portas para uma evolução bem merecida, pois era uma profissional muito dedicada e competente. Essa possibilidade deixada em aberto é uma porta que não se fecha no nosso passado. Fica para sempre num recanto da psique, tilintando nos momentos menos oportunos: e se eu tivesse ido mais longe e evoluído na carreira? E se eu tivesse casado com aquela outra pessoa, em vez de com esta, eu seria mais feliz? E se eu tivesse escolhido o outro curso, seria mais realizado? Se eu tivesse tido o filho, se eu tivesse dito que não, se eu tivesse ido embora, se eu não tivesse ido embora, se... se...

Esses "ses" são valas energéticas permanentes, portas abertas na mente por onde se esvai energia psíquica tão necessária e preciosa.

São pequenos casulos energéticos que mantêm encaixadas várias emoções, como culpa, tristeza, remorso, ressentimento... Sempre que tropeçamos na sua memória, sentimo-nos tensos, desconfortáveis, vazios, errados ou tristes. É inevitável carregarmos cicatrizes — das quais podemos até nos orgulhar, amar, porque são fortes testemunhos de vida lutada, sentida, transcendida, resolvida —, mas não é necessário que carreguemos casulos, mesmo que pareçam "benignos". Destruamos esses casulos psicológicos e engendremos os tecidos circundantes com a resolução de seguir em frente mais libertos e pacificados. Fechemos as portas que ficaram abertas na vida como troncos de árvore malpodados, de onde nada mais pode crescer e que ficam ali, mal-arrematados em nossa psique, pontiagudos e espectrais. Podemos escrever uma carta ou partilhar a recordação do que poderia ter sido se... mas depois nos libertamos para sempre dessas expectativas abortadas, perdoamos a nós e/ou aos outros se necessário, abençoamos a experiência e a possibilidade perdida (outra foi ganha), encerramos o luto e retomamos nossa vida, porque ela está à espera.

Agora, surpreendente e incomodamente surgia essa nova possibilidade de ascensão profissional, arrastando consigo todas as antigas emoções de ressentimento, de mágoa por não ter ido mais longe, de desilusão consigo mesma. Se não fizesse nada, certamente projetaria para esse novo júri e experiência toda essa carga negativa que pertencia à experiência do passado, e não a essa que ainda nem acontecera, com um resultado muito provável de sabotagem de sua probabilidade de ser bem-sucedida.

Nas sessões de terapia, Madalena permitiu-se expressar ao júri do passado o ressentimento e mágoa que haviam ficado congelados. Madalena escreveu-lhes uma carta em que finalmente os libertou; perdoou a si mesma e sentiu um peso considerável sair dos seus ombros. Criamos uma programação que lhe propiciaria maior serenidade no momento do exame, e lá foi ela. A experiência foi ótima; ela foi amplamente elogiada por seu trabalho e seu currículo num ambiente de isenção científica, mas cheio de cordialidade e respeito. Madalena estava radiante e grata pelo êxito. Como deixara ir os fantasmas passados, pôde ser mais objetiva com a nova situação e escolher vê-la e senti-la como uma nova e real oportunidade de evolução, e não como uma derrota, uma experiência de humilhação e dureza.

Podemos fechar nossas portas passadas, indo atrás delas em nossa linha do tempo, desde o nascimento e, a partir de uma postura de amor e gratidão, abençoar toda a nossa história, com a consciência que temos hoje, consolidando o tronco central de nossa vida, ganhando mais energia para criar e consolidar nossos objetivos e reforçando nosso poder interior.

A transformação pessoal é um processo, como a terapia; não é uma forma de sermos *consertados*, mas sim de promoção de cura. Há uma grande diferença de perspectiva. Na segunda, sinto como se houvesse algo errado em mim, como se eu nunca fosse suficientemente bom para ter sucesso ou deixar de se malsucedido em alguma área da vida. Essa sensação pode se alastrar e crescer ao ponto do desespero e de um enorme sentimento de impotência, tristeza e mágoa. A partir desse estado de espírito, é muito mais improvável que consigamos as coisas. As circunstâncias de carência, rejeição e perda voltam à nossa vida até que aprendamos a *escolher* outra coisa: a nós, muitas vezes pela primeira vez. Até que aprendamos a dizer *basta*: basta de lágrimas, basta de passividade, basta de autodestruição, basta de pena de mim mesmo. Hoje vou pegar a dor e vou transformá-la. Como? Há muitas formas e aqui seguem algumas sugestões:

Dê um passeio na natureza por onde nunca se tenha aventurado antes, e permita que todos os elementos entrem em você, o limpem, o purifiquem, renovem e ajudem a restabelecer um senso de harmonia e equilíbrio:

- O ar com sua ligeireza, fluidez e frescura.
- A água cristalina de um regato, fonte, chuva, rio ou oceano.
- A terra e seus odores, suas cores, suas texturas e seus relevos.
- A irradiação vital e calorosa do fogo solar.

Receba uma massagem, inscreva-se num curso de meditação, pintura, teatro, terapia do riso, método Louise Hay, arte marcial, hidroginástica, ioga, escrita criativa; vá à ópera, veja um bom filme, um espectáculo de dança. Escreva um diário, visite um parente que não vê há algum tempo, apoie uma sociedade recreativa, inscreva-se num clube do seu interesse e seja ativo. Escreva uma carta de amor a si mesmo, endereça-a e a envie. Prepare uma refeição saborosa e convide amigos, decore um poema inspirador e o recite quando sentir vontade. Consulte um nutricionista e melhore sua alimentação, faça um corte de cabelo novo, faça um planejamento com objetivos para o próximo ano. Conte suas bênçãos e faça uma lista com pelo menos cinquenta características que aprecie em si, como, por exemplo, sorriso, olhar, generosidade, forma de agradecer, alegria.

Encontre sua forma e *faça*. A vida recompensa a ação.

Não importa quanto sentimos, o quanto sabemos, quais são nossos recursos ou talentos potenciais. Apenas a ação os traz à vida, à manifestação. Quando agimos é que criamos consciência; o fazer se transforma em entender.

Descobri que o trabalho de toda uma vida consiste em... libertarmo-nos da prisão em que nos colocamos muito cedo na vida, uma prisão autoimposta de culpa, raiva e medo, tal como todos os seus substitutos. Parece que você já ouviu isso em algum lugar, mas a verdade é que, quando acontece de não só entendermos isso mentalmente, como o sentirmos com todo o nosso ser, é uma revelação espantosa. Eu me pegava algumas vezes paralisada com tanta informação sobre o que fazer, sobre como me curar emocionalmente e alcançar paz interna. Percebi um dia como é simples: trata-se de nos libertarmos gradualmente dessa prisão autoimposta, onde estamos porque não conseguimos nos perdoar, nem aos outros. Quando os deixamos ir e nos deixamos ir, a vida muda de uma forma que posso chamar mágica, porque minha criança interior gosta da palavra. É, afinal, tudo o que precisamos fazer: perdoar, perdoar, perdoar, deixar ir, deixar ir, deixar ir. E tudo se recompõe miraculosamente em nossa vida. E atraímos para nós o nosso maior bem, impedido até então de se manifestar em nossa vida, devido à culpa e à raiva. Fazermos um trabalho profundo de perdão é algo absolutamente necessário para reconquistarmos alegria e abundância de vida. É possível focalizar-se só no perdão e potencializar a cura de doenças emocionais, psíquicas e físicas. Ao fazê-lo, está abrindo as portas ao fluir da criatividade, da renovação e da felicidade em sua vida.

Quando imagina as pessoas que o magoaram saindo da prisão que representa sua falta de perdão para com elas, se sentir inicialmente um aperto no coração, provavelmente uma parte de você ainda não está pronta para perdoar mais profundamente, a parte que continua a punir o outro. Podemos até ficar chocados com nossa rigidez e falta de amor (em relação a nós, em primeiro lugar), sobretudo se tivermos uma consciência severa. Mas insista delicadamente nesse processo e irá muito mais longe. Não só visualize essa pessoa saindo da prisão que sua dor criou para ela, como também imagine, se puder, o melhor para ela. Veja-a pacificada e liberta. Não se esqueça de que o que faz aos outros faz a si mesmo. Não vale a pena perder mais tempo na sua vida; ela está aqui à sua espera!

Portanto, o que quiserdes que vos façam os homens, fazei-o também a eles, porque esta é a Lei.

Sermão da Montanha de Jesus Cristo, *Bíblia Sagrada*

Por meio do meu trabalho com milhares de clientes e formandos, verifiquei com muita clareza algo que foi muito importante. Não obstante a raiva, a chateação, a frustração e a culpa serem inevitáveis e terem o seu papel no decurso da nossa vida, nos aniquilam, algumas vezes silenciosamente, outras com o ruído escuro e duro de doenças graves criadas no corpo por camadas e camadas de raiva e culpa cristalizadas anos a fio. Chamo à culpa e à raiva tortura lenta e agonia certa. A culpa e a raiva também são dos disfarces favoritos do ego (ou eu inferior).

Magda, uma mulher de 57 anos que, após trinta anos de casamento, ainda não havia perdoado a traição do marido quando ela estava esperando o primeiro filho, acabou por contrair câncer no útero, na mama e no pulmões. Tenho encontrado muitas mulheres que passaram a infância em ambientes muito críticos, nos quais aprenderam que nunca eram suficientemente boas, que contraíram câncer de mama. Aprenderam a fechar o coração e avançaram na vida com muita autocompaixão velada, construindo um casulo à volta do nó de dor. O casulo cresceu, e o nó se transformou em larva-doença que irrompeu com diagnósticos chocantes e radicais. Que preço alto por não querermos perdoar; a autopiedade acalenta o desespero, a tristeza profunda e a raiva reprimida! Naturalmente, nem todas as pessoas com infâncias difíceis desenvolvem doenças, mas hoje sei que o amor tem o maior poder curador que conheço. Todos os dias, dance, cante, medite, apanhe sol, ria muito, abrace, seja abraçado e *ame.*

Há muitos mestres que usam o sentido de humor constantemente em sua vida. Dizem que, sem ele, não é possível fazer o percurso. Por vezes é preciso dar uma boa gargalhada quando as coisas vão mal para nós!

A verdade vos libertará. Quando tivermos dúvidas, recordemo-nos desta frase de Cristo — é a verdade que liberta. Quando tivermos dúvidas num procedimento, numa atitude, a verdade é que nos libertará! A verdade do Ser, a verdade do nosso coração, da nossa essência. Diante de uma escolha, aprendamos a sentir o nosso corpo, pois ele nos dá pistas valiosas sobre a escolha mais próspera e frutuosa, que é, invariavelmente, a melhor para nós e para as pessoas envolvidas. Algumas pessoas que fazem essa experiência de aprender a *sentir* no seu corpo qual a melhor decisão a tomar têm uma sensação de aperto no estômago, na cabeça ou no peito, quando essa escolha deve ser questionada. Se sentimos bem-estar, fluxo energético, acréscimo de entusiasmo, então podemos ponderar essa direção com muito mais confiança e certeza. Quando sentimos aperto, mal-estar ou dor no corpo em ambas as decisões, talvez nenhuma delas esteja bem-formulada ou corresponda à nossa verdade mais profunda; ou pode ser que estejamos apegados e dependentes de uma escolha que já não nos é benéfica nem construtiva.

Aquilo a que Resisto, Persiste

Aquilo a que resistimos, persiste; logo, damos força àquilo a que resistimos. Inversamente, quando o aceitamos e neutralizamos com o perdão, desaparece o poder que a culpa, o medo e a crítica tinham sobre nós. Se resisto a alguém de quem tenho ciúmes, ou por quem nutro ressentimento, é natural que esteja "aumentando" o seu poder sobre mim. É natural que venham me dizer coisas positivas sobre essa pessoa ou que, de uma forma ou de outra, a vida me devolva esse sentimento vezes suficientes até eu aprender a lidar com essa resistência. Até eu identificar essa carência em mim que me faz detestar o outro, por pensar que ele tem aquilo que eu não tenho e gostaria de ter. Ou quando resisto a perdoar, o conflito permanece, sobretudo dentro de mim. Se resisto a alguém por quem estou apaixonada, é pior, e o sentimento persiste.

Marina

Marina era uma terapeuta por quem tinha uma grande amizade e admiração, e a quem apoiei bastante ajudando a abrir as portas que contribuíram para seu sucesso profissional. Passados alguns meses de convivência mais próxima e de grande partilha, Marina, de um momento para o outro, quando já se sentia segura e capaz de avançar sozinha, deixou de responder aos meus telefonemas, de aparecer, e finalmente "desapareceu" de, minha vida. Minha mágoa foi grande, e levei algum tempo digerindo aquela perda, integrando as valiosas e profundas lições encerradas na dor da "traição". Durante algum tempo, sempre que se falava nela, eu sentia uma pontada de dor no coração. Evitei falar com as pessoas que me pudessem fazer lembrar de como fui "manipulada". Era um espinho encravado na minha memória. Resisti ao perdão. Então, um dia soube que *ela* vinha ocupar exatamente o gabinete ao lado do meu, no centro em que eu trabalhava! Impossível continuar evitando lidar com a situação. Cheguei a sorrir frente à perfeição do *modus operandi* do universo, que, de uma forma inesperada, estava me ajudando a dar mais um passo em minha aprendizagem sobre o perdão. Ela vinha trabalhar ao meu lado! Vi claramente que era um sinal para eu avançar naquela relação, deixando a dor ir embora e abrindo de novo o coração para a possibilidade de recuperação da confiança ou de, pelo menos, restabelecimento da tranquilidade naquela relação. E assim aconteceu. Algum tempo depois, olhei-a nos olhos e a convidei para almoçar e conversar, com uma vontade genuína de mudança. Desde esse dia, senti que a mágoa se foi, que consegui recuperar as memórias boas que partilhamos juntas e, apesar de não termos voltado a nos falar — pois ela nunca chegou a almoçar comigo —, *eu* aceitei a experiência sem expectativas, deixei o passado ir embora por meio do perdão e me libertei! Uma semana depois de isso acontecer, tive a notícia de que ela ia embora do centro! Meu ressentimento atraíra a pessoa a quem eu resistia, e meu perdão me libertou, libertando-a também para seguir seu caminho.

Miguel

Quando insisti para que meu filho tivesse melhores notas, coloquei pressão suficiente sobre ele para que seu subconsciente fornecesse a energia necessária para manter a situação. Também o culpei inconscientemente, e a culpa, buscando sempre punição, impediu um comportamento de sucesso. Só quando desisti da pressão é que ele começou a mudar. Mantive o encorajamento e lhe disse: estou aqui, conte comigo. Acredito em você e nas escolhas que faz para sua vida. Mas temos de aceitar pagar o preço, ou seja, dar o tempo necessário à mudança e aprender a recolher nossas expectativas, tantas vezes derramadas sobre os outros — mesmo e sobretudo quando eles são nossos próprios filhos. Aceitar que cada ser humano tem sua aprendizagem específica a cumprir, ser solidário, encorajador, contribuir com o nosso exemplo por meio de uma conduta coerente com os valores que professamos e promover a autonomia e a responsabilidade pessoal, tudo isso é infinitamente mais poderoso e eficaz do que querermos, a todo custo, que os outros mudem para corresponder às nossas expectativas — mesmo que o façamos com toda a "boa intenção". Não podemos nos sobrepor ao destino do outro. Se a Mente Infinita que criou as galáxias inumeráveis permite a existência desse outro, com seu destino-projeto particular, como é que posso fazer *encaixar* nessa incognoscível sabedoria o meu desejo de outro destino para ele, por mais difícil que me pareça aceitá-lo? Muitas vezes esse outro está na minha vida exatamente para me ensinar a humildade, a aceitação e a rendição incondicional, a partir dos quais é possível transcender os medos e descobrir cada vez mais o amor.

Eu me perdoo. Perdoar é sinal de coragem, qualidade humana e autoestima. Não vivo apegado ao que perdi, mas vivo acolhendo com alegria o que vou ganhando.

A Lenda de Pigmaleão

De acordo com a lenda grega, tal como escreveu o poeta romano Ovídio em sua obra *Metamorfose*, Pigmaleão era rei da ilha de Chipre, escultor e solteiro. Passava os dias a esculpir. As mães das jovens cipriotas casadouras não se conformavam com a opção dele de não casar. Decidiram rezar à Afrodite, a deusa do amor, pedindo-lhe a graça de ver Pigmaleão casado com uma de suas filhas. Afrodite aceitou o pedido e apareceu num sonho a Pigmaleão, instruindo-o no sentido de se casar. Ele acedeu à deusa, rogando-lhe, contudo, um último favor: antes de casar, esculpiria uma obra-prima.

Então, esculpiu sua mais bela estátua, inspirada na própria deusa do amor, Afrodite, e enquanto trabalhava se apaixonou por ela. Quando terminou a escultura, repleto de paixão, passou três dias sem comer nem beber. Afrodite reapareceu para cobrar sua parte no acordo, pedindo-lhe que escolhesse a jovem com quem iria se casar. Pigmaleão respondeu-lhe que amava a sua estátua — a quem deu o nome de Galateia — e que queria se casar com ela. Afrodite, a deusa do amor, sensibilizada com tamanha demonstração de paixão, disse a ele para beijar sua estátua. No mesmo instante, Galateia se transformou numa mulher de carne e osso! Protegido por Afrodite, o seu amor floresceu até o fim dos seus dias.

Essa lenda tem inspirado escritores e dramaturgos como George Bernard Shaw, autor da peça *Pigmaleão*, posteriormente adaptada para o musical *My Fair Lady*. É rica de significados e nos dá chaves valiosas para nossos relacionamentos.

Pigmaleão e a Anima, ou o casamento místico

A estátua Galateia representa a *anima* de Pigmaleão, ou seja, sua contraparte feminina (no capítulo sobre a alquimia da felicidade, aprofundamos o tema da *anima* e do *animus*). A *anima* habita o inconsciente dos homens, que a projetam nas mulheres de sua vida. O homem se apaixona por quem exibe as qualidades de sua *anima*: essa é a raiz do que se designa habitualmente por alma gêmea (mesmo que a ligação venha de vidas passadas). A mulher se encanta por quem personifica lá fora, as características do seu *animus* ou contraparte masculina (inconsciente). A união de Pigmaleão e Galateia representa, do ponto de vista espiritual, a boda mística entre opostos e complementares, cuja união revelará um novo homem e uma nova mulher, mais evoluídos espiritualmente, porque mais inteiros e integrados em si mesmos.

Animus: é a contraparte masculina interior, presente no subconsciente da mulher. São suas características masculinas, *Yang*. Projetamos essas qualidades (pelas quais nos sentimos atraídas, porque, afinal, são parte de nós mesmas) nos homens de nossa vida. Tendemos a nos apaixonar por quem manifesta essas características, como um espelho de nós. À medida que vamos reconhecendo esses atributos e os integrando conscientemente, numa alquimia interior, nos tornamos mais inteiras, com um renovado sentido de autonomia psicoafetiva.

Anima: é a contraparte feminina interior, presente no subconsciente do homem. Todas as qualidades psicológicas femininas (*Yin*) inconscientes de um homem. Essas características são espelhadas pelas mulheres de sua vida. Um mapa astrológico contém, entre muitas outras coisas, informações precisas sobre quais são as qualidades da *anima* num homem e do *animus* numa mulher. Mas se você quiser ter uma ideia imediata de sua *anima*, basta olhar para as mulheres de sua vida.

Pigmaleão esculpia com paixão e inteira dedicação. No ato de esculpir, colocamos nossa projeção interna de *anima* (ou *animus*, no caso de uma mulher) na obra. Ela é algo que sai de nós, que criamos. É exatamente isso que fazemos com nossas relações. Criamos e recriamos a partir de quem somos internamente. Se não gostamos do que temos à frente, devemos nos voltar para dentro e indagar sobre o que em nós precisa ser iluminado e regenerado. Sem esse trabalho interior, nossas relações não poderão mudar significativamente, porque elas são ao mesmo tempo uma forma de complementaridade e um espelho que reflete fielmente as partes de nós que demandam mais atenção, amor ou cura. Por isso, elas são uma via de aprendizagem da harmonia por meio do conflito, do equilíbrio e da unidade. Por isso, são sempre uma oportunidade e uma bênção.

Há no arquétipo universal do amor romântico outra história mais profunda, a do casamento entre o príncipe e a gata borralheira, a bela e o monstro ou o sol e a lua dos alquimistas, que é o casamento interior entre as duas partes de nós, as bodas místicas aludidas nessa lenda. Esse casamento, o profundo sentimento de unidade que resgata e recria a dimensão divina em nós, e que representa um caminho ascensional pessoal, foi absolutamente desvirtuado sobretudo a partir do século XX. Esse arquétipo deu origem às teorias da metade da laranja, da metade perdida no mundo, da alma gêmea, que, em vez de nos responsabilizar por nossa contribuição para as relações, mitifica relações infantilizadas em que chamamos de "amor" nossas carências, e estamos à procura de que o outro nos salve. Daí os (tantos) desgostos e mortes por amor, quando a "alma gêmea" nos abandona — como se fosse possível morrer por amor (morremos por vazio e ilusão). Importa aqui referir que somos afetivamente compatíveis com milhares de pessoas (pelo menos); temos inúmeras almas que podem ser gêmeas, no sentido de que conosco podem vir a expressar "o céu na Terra".

Quero contigo viver o paraíso na Terra

Ao longo de uma vida, o que é o amor para cada um de nós muda tão naturalmente como muda nosso autoconceito e autoimagem. O amor nunca é cego: nem numa primeira fase, em que desconhecemos que estamos nos apaixonando pelo outro e nos aproximando de nós próprios, nem numa fase posterior, em que compreendemos que é importante a qualidade de quem amamos. Certamente porque também é uma medida de nossas próprias qualidades.

Quanto mais nos trabalhamos e melhor nos conhecemos, mais nos qualificamos para ser escultores de relações de excelência, como Pigmaleão. Assim, quanto mais nos amamos e respeitamos em tudo o que somos, mais capazes somos de aceitar o outro como é. Essa aceitação gera um efeito inesperado que importa conhecer para melhorarmos nossas relações:

- Quando acuso, julgo, manipulo e pressiono o outro para ser como eu gostaria que fosse, atraio mais resistência por parte dele e certamente mais frustração. De acordo com a Lei Universal da Atração, minha resistência a ele gera mais do mesmo, dele para comigo. Aceitar o outro não significa pactuar com comportamentos abusivos de qualquer natureza. Significa que finalmente compreendo que a não aceitação nunca vai trazer mudanças positivas à relação, que deixo de me comportar como uma vítima e que aceito usar sabiamente minha energia ao dar uma verdadeira oportunidade a ambos.
- Quando não aceito o outro e declaro guerra a ele (aberta ou velada), ele tem uma boa desculpa para não alterar comportamentos que podem ser destrutivos, para se desresponsabilizar na relação. Esse ruído que faço alimenta no outro uma culpablidade e/ou um ressentimento que o impedirá de, em maior ou menor grau, ser construtivo e nutridor na relação.
- Quando honro minhas necessidades e respeito as do meu parceiro, começará a ficar claro se eu sou ou não uma prioridade em sua vida. No limite, quando aceito o outro, aceito que ele vá embora, se essa for sua vontade. Será sempre uma bênção, porque pagamos preços muito elevados pela solidão a dois.
- Quando me responsabilizo por minhas próprias atitudes, emoções e escolhas nas relações e digo claramente ao outro o que preciso e o que estou disposto a dar, evitando julgamentos e

críticas, a mudança se torna e possível. Quando me responsabilizo por mim e procuro aceitar o que o outro tem para me dar, também o estimulo a fazer a sua parte.

Numa relação, o que você tem para dar, para oferecer?
E como isso é ou não diferente daquilo que você realmente dá?
O que você pode cuidar melhor em si mesmo, para que o nível de suas relações seja melhorado?

Poderei, a partir daqui, ver nele qualidades que antes não valorizava. Poderei observar que, quando ele se sente receptivo a mim, fica mais fácil chegar a seu coração e ele se aproxima mais das minhas necessidades. Quando aceito alguém pelo que é, ajudo-o a fazer o melhor por si mesmo e, consequentemente, pela relação. Essa é a verdadeira obra-prima que esculpimos uns nos outros: aceitando lidar com nossas fragilidades e com as do outro, aceitando viver o nosso melhor, expressando a maravilha da nossa autenticidade e sendo norteados diariamente por uma inspiração poderosa para nossa relação.

Pigmaleão teve uma inspiração divina para esculpir sua amada; a própria deusa do amor foi seu modelo. Ele trouxe, com a sua inspiração, o céu (a deusa Vênus) à Terra (a escultura/a amada). Ele tinha a intenção de viver, naquela relação, o céu na Terra. Nada menos que isso. Esse foi o seu modelo inspirador. Qual é a sua maior inspiração e visão, para suas relações? Ter uma visão no sentido de nutrirmos no coração intenções de evolução e de continuidade da aprendizagem do amor a dois é diferente de termos expectativas sobre o desempenho do outro e certezas muito rígidas sobre "para onde o relacionamento deve ir". Ter uma inspiração, uma intenção de crescimento para a relação, é velar amorosamente um fogo interno que nos ajuda particularmente nos momentos difíceis e é algo que a vida abençoa. É algo que reforça e amadurece o amor-temperado-pelo-fogo, o amor que comove os deuses — como Vênus foi tocada pelo amor de Pigmaleão por Galateia.

Trate um homem como ele é, e ele permanecerá como é. Trate um homem como ele pode e deve ser, e ele se tornará como pode e deve ser.

Johann Wolfgang von Goethe

O "Efeito Pigmaleão" ou a profecia autorrealizável

O "Efeito Pigmaleão" foi o nome atribuído por Robert Merton, professor de Sociologia da Universidade de Colúmbia, Estados Unidos, ao fenômeno da "profecia autorrealizável": quando interiormente estamos convictos de que algo vai ocorrer conosco ou com pessoas próximas a nós, inconscientemente tudo se movimenta, nós e as circunstâncias, para que esse algo ocorra de fato.

Para testar o "Efeito Pigmaleão" na interação dos professores com os alunos, os destacados psicólogos sociais norte-americanos Robert Rosenthal e Lenore Jacobson realizaram um estudo famoso com resultados muito interessantes. Concluíram que os professores e educadores que mantêm uma visão positiva do desempenho dos alunos estimulam estes a melhorar sua *performance* e a obter melhores resultados. Inversamente, professores que não acreditam na capacidade dos alunos tendem, com suas atitudes, a condicionar negativamente o desempenho destes. Estudos semelhantes foram realizados na área da gestão de recursos humanos, com resultados idênticos. Os gestores que esperam *performances* deficientes de seus funcionários tendem a ver essas expectativas concretizadas sob a forma de resultados sofríveis.

Pigmaleão viu a beleza na estátua antes mesmo de ela estar concluída. Ele tinha a imagem da beleza dentro de si e acreditou nela antes de manifestá-la na realidade. Escolheu criar beleza, e essa escolha foi devolvida a ele. Aquilo que ele esperava aconteceu, e a estátua ganhou vida, o que significa que nossas expectativas internas se transformam em eventos vivos fora de nós.

Nossas relações se tornam, assim, um campo imenso de aplicação da profecia autorrealizável segundo a qual quem faz a profecia acontecer, quem determina os resultados que se manifestarão, é aquele que detém as expectativas — nós mesmos (consciente e inconscientemente). É de novo a Lei Universal da Atração em funcionamento.

As implicações desse efeito são de extrema importância na nossa vida. As expectativas que pessoas significativas da nossa vida tiveram sobre nós contribuíram grandemente para as crenças que desenvolvemos sobre nós mesmos. Não só influenciaram nosso desempenho como, consequentemente, nosso bem-estar, capacidade de realização e felicidade. Nesse sentido, a forma como escolhemos olhar e o que decidimos esperar de nossos parceiros, filhos, colegas e amigos nos programa consciente e inconscientemente para que nos focalizemos, dentre todas as suas atitudes, naquelas que se encaixam nas expectativas que nutrimos sobre eles.

Quem espera que os outros sejam difíceis e não cooperativos age como se eles fossem assim, o que atrai atitudes mais defensivas e fechadas. Comportamento gera comportamento. Nossas crenças condicionam favorável ou desfavoravelmente a relação com os outros. Para além da diferença de papéis, é também por isso que as pessoas de nossos círculos sociais se comportam de forma diferente com as outras. Se acredito que um filho nunca será nada na vida, ou que aquele chefe nunca será acessível, ou que aquele companheiro nunca vai me valorizar, certamente é o que vou receber. Tenha a máxima atenção ao que escolhe acreditar sobre as pessoas à sua volta e sobre si mesmo. Tenha a ousadia de se olhar de uma nova forma e de abençoar suas relações com novas crenças, possibilidades e caminhos.

Independentemente das expectativas, parentais e outras, que estiveram na gênese de nossa formação, saiba que podemos sempre alterar nossa autoimagem e crescer no amor-próprio.

É muito importante sabermos que não são apenas as nossas ações, reações e omissões que afetam os outros: nossos pensamentos e expectativas sobre os outros são captados por eles em níveis inconscientes e condicionarão sua resposta a nós. Ou seja, podemos pensar que nossos pensamentos são redutos secretos no mais íntimo de nós — privados, que só nós controlamos —, mas que são sentidos e captados pelos outros. Em um nível profundo, os outros sabem quando os considero chatos, exploradores, imaturos, egoístas, não confiáveis. Os outros sentem quando você não perdoou — mesmo que, aparentemente, seja muito cordial e pareça ter superado o conflito —, sentem os rótulos que você lhes coloca e reagirão de acordo com essa imagem que você mesmo tem deles. É por isso que nossas expectativas — reveladas ou não — sobre as outras pessoas tendem a se tornar uma profecia autorrealizável.

A vida procede de suas intenções para com ela, ou seja,
você recebe da vida o que impõe a ela.

Os Carpinteiros-consertadores de Relacionamentos

Quando nos focamos não na beleza do outro à nossa frente, mas nossa própria necessidade de mudá-lo e consertá-lo, deixamos de ser escultores e passamos a ser carpinteiros-consertadores das imperfeições alheias. Nosso parceiro deixa de ser considerado uma obra-prima potencial para ser alguém que simplesmente precisa de conserto — em outras palavras, alguém que precisa de nós. Uma martelada de intolerância aqui, uma pincelada de crítica acolá, um julgamento em baixo-relevo nesse ponto, um vestígio de egoísmo no outro; com esforço, sairá daqui alguma coisa jeitosa, pensa o carpinteiro-consertador. Esse consertador precisa se fazer muito necessário ao outro para se sentir bem, válido e seguro. Ele é normalmente o herói da situação, o mais esperto, mais próspero, mais bondoso, mais forte, mais virtuoso, mais... Por isso, se especializa em estátuas deficientes — estátuas, porque tende a atrair pessoas impotentes e passivas; deficientes, porque, comparado com os "esculpidos", ele é quem brilha, quem controla, quem tem sempre razão.

Essas pessoas vão pela vida atraindo quem precise de conserto — normalmente, quem se vitimiza, quem é dependente, particularmente inseguro, quem acredita mesmo que precisa de arranjo e procura um salvador externo a si que o faça sentir, pela primeira vez, um ser inteiro. Ilusão gera desilusão. Alguém que entre numa relação se sentindo pela metade, menorizado, esvaziado, atrairá alguém que também precisa de reparos, e, por sinal, esse é o segredo mais bem-guardado do carpinteiro-consertador. Seu vazio, insegurança e dor estão bem camuflados dentro da casca de salvador. Mas ele prefere se ocupar consertando o outro, pois este tem muito o que aprender, crescer, provar. Ainda assim, graças a mim, tem melhorado muito, diz muitas vezes o carpinteiro-consertador. Ocupa-se fora para fugir do deserto interior. Como atraímos nosso oposto-complementar, tudo aquilo que em nós precisa de restauração e cura vai efetivamente se manifestar no parceiro, mas para curarmos em nós, não para guerrearmos eternamente com o outro. Se isso não acontecer, perderemos a relação de vista, relação que passará a ser um jogo velado de poder. Acabam por entrar num círculo vicioso em que a sabotagem consciente ou inconsciente do parceiro-defeituoso traz novas espirais de ressentimento ao carpinteiro-consertador, que reage estreitando ainda mais as rédeas do poder na relação e assim por diante. Levados ao extremo, acabarão vazios, doentes, com vícios, levando vidas duplas ou se divorciando (ou tudo isso junto, nos casos mais persistentes). Se, por uma graça da providência divina, o parceiro-que-precisa-de-conserto um dia se lembrar de pedir ajuda a outra pessoa, de se trabalhar interiormente, de fazer terapia em busca de seu espaço de cura, há de se acusar um ingrato e traidor. O carpinteiro-consertador destilará ressentimento e agressividade por se ver sem o tapete debaixo dos pés; afinal, ele nunca quis a cura do outro, que agora tanto o ameaça; ele só queria fugir da solidão, mascarar as feridas da intimidade, afugentar os medos secretos de não ser suficientemente capaz. Ele, provavelmente, é quem mais precisa de conserto-cura-amor.

É quando somos dependentes que mais precisamos amar-nos. Quando damos o passo atrás que mais precisamos de nós mesmos. Precisamos acreditar na vida, pois ela sustenta e apoia nossas intenções de evolução, e também precisamos ampliar o amor por nós mesmos, para trabalharmos com os pensamentos e as emoções, que geram atos, que geram uma nova realidade. É preciso acreditar que não só estamos programados para evoluir, como somos a própria evolução!

Recentemente, numa formação que dirigi, verifiquei que um dos padrões do grupo era, precisamente, a intensidade com que investiam na vida, sobretudo nas relações afetivas — uma intensidade "dramática" que frequentemente produzia crises de relacionamento, manipulações emocionais e suntuosas perdas seguidas de depressões e ressentimentos persistentes. Senti intuitivamente no grupo uma crise-dependência que usava a intensidade emocional para atrair exatamente a "droga" de que essas pessoas precisavam para poder investir na relação: o desafio, a dificuldade, os limites, o abismo. Quanto mais difícil era a relação com o outro, mais dependência havia. Para eles, amor era sinônimo de experiências emocionais-limite; sem luta, sem sofrimento, não se sentiam apaixonados. Eram dependentes da crise e do drama. As pessoas podem se sentir verdadeiros heróis da tragédia — quão fabulosos eles são, pois aguentaram tanto! Não é preciso dizer que é muito fácil passar de vítima a arrogante (são duas faces da mesma moeda). Tristemente, se a essas pessoas fosse permitido, de um dia para o outro, viver em condições excelentes de bem-estar em todos os níveis, esse cenário de paz e esperança seria logo transformado num palco de guerra, desespero e caos caso um trabalho de mudança na consciência não fosse feito.

Muitas dessas relações são relações-Pigmaleão — atraímos alguém que precisa de conserto, de ser atingido pelo martelo e pincel. Alguém que é um tipo de obra-prima nossa, que deve ser modelado por nós, transformado e amado por aquilo que fizemos dele, e não por aquilo que ele próprio conseguiu fazer consigo. Nessas relações, sempre que a pessoa-a-consertar procura ajuda e decide crescer, o parceiro-consertador entra em pânico, porque assim este não será mais necessário para o outro. Enquanto o parceiro-consertador não fizer um trabalho pessoal, sempre viverá em relações desiguais, extenuantes e frustrantes, baseadas na fantasia de que conseguimos mudar o outro (mesmo que o outro não queira); que conseguimos moldá-lo à imagem que queremos. A cocriação de um parceiro começa no trabalho conosco. Sempre resulta em algo agirmos a fim de ter mais harmonia e amor-próprio, mas tentando, ao mesmo tempo, mudar os outros que conosco convivem, para que se moldem às nossas necessidades.

Estudos científicos concluíram que há um estado específico da química do cérebro para, por exemplo, a tristeza ou a sensação de abandono e rejeição, e que as pessoas que frequentemente se colocam em situações em que venham a se sentir dessa forma podem muito bem ser dependentes de tal quadro correspondente ao estado de tristeza e angústia. Se em sua mente você sempre vê seu companheiro sendo infiel, pode desconfiar que é dependente da química cerebral que produz esse estado emocional — o de se sentir traída. Os pensamentos têm o poder de mudar nosso estado fisiológico. A gestão do seu diálogo interior é fundamental para transcender a turbulência emocional e propiciar paz interna, que é a sua condição natural.

Afirmações para os relacionamentos

Eu sou uma mulher plena e feliz.
Eu sou um homem completo e realizado.
Eu amo a minha vida amorosa e desfruto dela.
Eu amo e sou muito amado.
Eu aceito e nutro pensamentos amorosos e ternos.
Eu sou um ímã para o amor.

O papel das polaridades masculino/feminino nos relacionamentos

Temos de ser fiéis à nossa polaridade principal, embora seja perfeitamente natural nos tornarmos, em certos momentos da vida, mais *Yin* (receptivos, passivos, orientados ao interior ou às emoções) ou mais *Yang* (doadores, ativos, orientados para o exterior ou para a ação). O problema ocorre quando começamos a fazer tudo, a querer ser supermulheres ou super-homens ou a banalizar ou negar a importância das diferenças entre iguais, como os orientais sempre souberam fazer muito bem. Quando isso ocorre entre um casal, as polaridades *Yin/Yang* começam a se aproximar, e a atração começa a diminuir *perigosamente* entre ambos. É algo difícil em nossa sociedade ocidental, sobretudo porque sabemos o que a supremacia do masculino produziu nas sociedades patriarcais dos últimos quase 5 mil anos de história humana, no nível da relação entre os sexos. Nesse quadro, o movimento natural, e na minha opinião absolutamente necessário àquela altura, pela igualdade dos sexos que o feminismo do século XX trouxe para a rua, teria também, a meu ver, de sofrer por alguns equívocos e excessos. O maior desses equívocos fora o de não ter sido capaz de reconhecer que somos diferentes, pois o estigma milenar da diferença que essa sociedade patriarcal cultivou tenazmente ainda estava demasiadamente presente. E as mulheres sabiam disso no seu corpo, na sua memória, no seu coração e na sua alma. Essa diferença — na biologia, na maneira de pensar, de fazer, de sentir a vida — deve ser honrada como uma contribuição extraordinária para o mundo. Somos iguais e também complementarmente diferentes. A lua deve se queixar por não ter o brilho quente dos raios solares, sem os quais não haveria a vida como a conhecemos no planeta? O sol deve se queixar por não emitir o luar refrescante do nosso satélite, sem o qual a vida como a conhecemos secaria na Terra?

Outro dos naturais excessos foi o fato de uma grande percentagem de mulheres deixar de valorizar o feminino tradicional (ou estados *Yin* de ser): cozinhar, bordar, costurar, fazer jardinagem, dançar, contemplar, cantar, meditar, cuidar dos filhos, nutrir, escutar, ser receptiva, aceitar. Por isso, há muitas mulheres que hoje não têm recursos emocionais para lidar com as crises da vida (lembro que a minha avó tinha, com tocante maestria). Compramos o modelo masculino de gestão da vida e temos pago preços elevadíssimos pelo resgate perfeitamente legítimo da dignidade da mulher. Os mesmos preços que só as mulheres que chegaram ao poder sabem avaliar. Temos, contudo, cada vez mais indícios de que isso está prestes a mudar porque o mundo como um todo está em mudança. Há cada vez mais mulheres chefes de Estado e nos mais altos cargos políticos, econômicos, sociais e acadêmicos. Poderá levar algumas gerações até que o modelo feminino de gestão seja aceito e dignificado pela globalidade da sociedade, sobretudo nos níveis mais elevados do poder. A mãe-terra sabe como atualmente é necessária a energia feminina para mediar conflitos e liderar negociações com sua porção de sensibilidade, respeito pela vida e criatividade. Entretanto, continuemos a nos trabalhar para que a sabedoria ancestral feminina possa regressar em sua plenitude e ajudar todos nós na construção de sociedades mais humanas, solidárias, conscientes, evoluídas e amorosas.

A simplicidade original

Quem conhece a força de sua masculinidade e, todavia, mantém sua flexibilidade feminina, e quem conhece a força, mas guarda a doçura, se assemelha a um vale do império. A virtude eterna jamais o abandona. Torna-se uma criança.

Aquele que conhece sua luz, mas guarda sua obscuridade, é o modelo do império. Por ser o modelo do império, a virtude eterna não vacila mais, e ele se torna ilimitado.

Aquele que conhece a glória e permanece na degradação se torna um vale do mundo. Por ser assim, a virtude eterna brota nele, que atinge a simplicidade original. Foi essa simplicidade que formou todas as coisas. É como uma rocha inteiriça da qual surgem várias formas de vasos de pedra. O sábio nada faz sem simplicidade, ele dirige com nobreza e a ninguém prejudica. Essa é a regra do "retorno à simplicidade original".

Tao Te King

A mulher tem uma natureza majoritariamente *Yin*, receptiva. Desenvolva e cultive o seu lado feminino e nutridor. Para algumas de nós, cuidar de si com prazer ainda parece egoísta. Dizemos: "Não tenho tempo para me dar tempo; isso é ser presunçosa, ou não é prioritário, ou é para as *dondocas* ou para as *barbies.*" Muitas de nós temos estado demasiadamente ocupadas com a ilusão de que temos de ser supermulheres para ser merecedoras de amor. E, num belo dia, nossas relações se esgotam e acabam, porque antes esgotamos a nós mesmas.

Algumas sugestões para fomentar a energia Yang

Use cores vivas (vermelho, laranja, amarelo e preto são *Yang*). Aumente a atividade, o movimento e o som. Dialogue. Evite alimentos doces e frios.

Para nutrir a energia Yin

Faça momentos de silêncio, meditação, atividades como pintar, bordar, escrever, cozinhar. Use roupas leves e tecidos naturais, suaves, sedosos, aveludados. O verde, o azul e o branco são *Yin*. Pratique o silêncio (sem presença de música, tevê ligada etc.).

Tenha flores em casa e use aromaterapia. Faça massagens com óleos naturais e se rodeie de beleza. A beleza repõe a ordem interna, a qual produz beleza em nossa vida. A falta de ligação com nosso feminino interno gera ansiedade, doença, solidão, nos faz secar por dentro. O feminino é quem em nós abraça, recebe e vive a felicidade maior quando nutre, acolhe, sustenta e dá vida.

Ter Relacionamentos É nos Recriar e nos Recrear

O amor é aprendido em diversos níveis, de acordo com nosso próprio nível de consciência. Não é igual para uma criança, um adolescente ou um idoso. Para mim, o amor implica respeito e, por vezes, o estabelecimento natural de limites. Os limites aconselhados pela nossa autoestima, não pelo medo da intimidade ou por quaisquer outros motivos disfarçados de amor-próprio. "Aprende a cuidar de ti mesmo" é algo a recordar sobretudo depois de termos vivido muitos equívocos com o "amor". No amor a dois, é preciso haver espaços e, sobretudo, muita intimidade.

A vida contém uma sucessão de lições a serem apreendidas. Superficialmente, a aparência dos acontecimentos nos mostra a procura de bens materiais, de relacionamentos, de situações. Mas, na dimensão invisível, trata-se de viver experiências de ser. Na verdade, não colecionamos bens materiais só para possuí-los, mas para aprender, ao administrá-los, que a segurança real não advém deles (como o ego quer fazer crer) para revelarmos nossas reais necessidades e as nutrirmos, crescendo na mais perfeita fidelidade a nós mesmos. A vida é composta por experiências de Ser — por meio de relações, férias, conhecimento, casas, bens materiais, carreira etc. etc. Procuramos, na maioria das vezes sem saber, substitutos para a vivência permanente do nosso estado primordial: a suprema felicidade, que é uma característica divina, um estado constante e um abundante fluir de felicidade.

Por trás do "nos apaixonamos e vamos viver juntos para sempre", por trás desse anseio profundo, está nosso desejo primordial de unidade e de suprema felicidade. As relações nos ensinam, geralmente por um caminho rochoso e íngreme, o que o amor é para nós verdadeiramente, nossos padrões afetivos, como partilhamos, evitamos ou confrontamos os vazios que nos habitam e a liberdade de sermos nós mesmos, acrescentando, assim, mais vida ao outro. Ou então nos ensina sobre a prisão de estarmos aquém do amor-próprio, da autoconfiança e da autorrealização, nos tornando dependentes ou codependentes.

Por trás de cada vivência concreta, quer o saibamos, quer não, o que procuramos são experiências de ser: chamamos-lhes plenitude, amor, unidade e felicidade. Suprema felicidade. Nossa alma ambiciona, finalmente, essas vivências por meio das situações que se mostram aparentes, como ter carreira, família, reconhecimento, conforto material, ser amado, viajar, ter sabedoria etc.

Essas mesmas vivências — da plenitude, do amor, da unidade, da felicidade — é que queremos ter quando nos tornamos dependentes de substâncias, pessoas, comida, trabalho, sexo etc. Acontece que esses atalhos são ilusórios: nos trazem migalhas, que são ilusões desses estados essenciais, versões muito ordinárias e fugazes da experiência da suprema felicidade. Um dos maiores desafios para muitos de nós é passar da experiência da felicidade fast-food para a vivência real da plenitude na presença de nós — diária, simples, cotidiana, real. Para isso, é preciso que nos identifiquemos cada vez mais com a Essência em nós; gradualmente, cada momento se torna santificado, cada instante sagrado abençoa nossa vida com uma renovada ordem em que as sincronicidades ocorrem cada vez mais numa perfeição maravilhosa. Não se eliminam os desafios que se vão sofisticando, no sentido de que vão tendo cada vez mais a ver com coisas mais profundas, pois o aluno vai passando de ano e fica mais preparado para lidar com matérias mais complexas. Conquista-se uma nova perspectiva da vida, que nos oferece uma nova leitura dos desafios, produzindo uma nova atitude, o que desencadeia resultados surpreendentes e maravilhosos.

O relacionamento sagrado

Numa relação, ao termos coragem de ser nós mesmos, inspiramos o outro a agir igualmente. Encontramos o parceiro perfeito para nós quando estamos dispostos a caminhar rumo à perfeição junto com ele. Outras vezes, torna-se impreterível mudar de parceiro para podermos recomeçar com um novo sentido de paz e alegria no coração. Mas é importante não esquecer que nos levamos inteiros para onde quer que nosso coração procure outro colo. Isso significa que carregamos nossos medos, os desamores, as carências etc. e que, por vezes, desistimos levianamente dos relacionamentos pensando que o próximo será o ideal. E se eu insistir nessa fantasia, os parceiros subsequentes serão ainda piores. É uma experiência absolutamente maravilhosa a de crescermos junto com um companheiro que toca a nossa alma e com quem podemos ser autênticos. Só é possível ver outro verdadeiramente quando se é permitido ser visto, em profundidade, pelo outro.

Afirmação

Manifesto na minha vida o(a) companheiro(a) sagrado(a).

Minha relação com meu marido, meu grande companheiro de vida, que naturalmente passou por diversas fases, é uma das áreas da minha vida que tem as aprendizagens mais difíceis e, ao mesmo tempo, mais sublimes. Recentemente celebramos vinte anos de casamento, em meio a uma fase de particular paixão, carinho e cumplicidade mútuos. O que sinto com seu amor por mim é o impulso no sentido de dar, de ser e de estar no meu melhor. Seu amor incondicional me enternece ainda mais o coração; é, na verdade, uma força curadora agindo dentro de mim. Amada, me senti expandida, abençoada, profundamente aceita pelo que sou, e isso tem efeito mais apaziguador do que qualquer outra coisa. Não falo aqui de dependência do amor do outro para que me sinta bem — sinto honestamente que já superei essa fase difícil. Falo de como é maravilhoso ser eu mesma e de como é maravilhoso ser amada incondicionalmente por outro ser humano. Ser acreditada no todo da pessoa que sou, ser celebrada por tudo que expresso — nos momentos bons e nos ruins —, isso faz de mim, instantaneamente, uma pessoa melhor. O impulso imediato é o de retribuirmos essa dádiva amorosa com o melhor que temos para dar. Não para provar o que quer que seja — isso já não pertence a esse contexto da relação —, mas por amor.

É o amor que com amor se partilha. É o poder curador do amor que nos é devolvido com mais abundância amorosa. É uma experiência de felicidade. É nos sentirmos em casa no ser do outro sem, contudo, haver qualquer sentimento de invadir ou ser invadida. É viver o encontro do uno no duo. É sentir que esse amor a dois transborda para o mundo num movimento natural, que o par já não pode se limitar às fronteiras da relação. O amor cura porque penetra instantaneamente nosso âmago, aquilo que é realmente importante. O amor intui a qualidade e só ele sabe se manter focado no melhor que o outro tem. Por isso é um mestre que lida com a sombra que os outros nos devolvem. O amor entre duas pessoas que se valorizam, apoiam, inspiram mutuamente e aceitam, no seu caminho, ser também testemunhas recíprocas do progresso do outro é uma bênção que fecunda o coração de maneira impossível de transcrever. Não só é possível, como é uma vivência preciosa e um caminho que muitos de nós escolhemos.

Eis algumas das chaves — não receitas — que para mim são fundamentais para essa felicidade relacional construída com todas as pedrarias da natureza, em todos os ciclos-estação de sua vida:

- É feita de diamantes de revelação interior. Quando aprendemos a reverenciar o mistério da vida em nós, o outro passa a viver em nós como uma revelação permanente.
- Águas-marinhas da partilha das almas. O diálogo que cada vez mais travamos com o coração, nas palavras, mas também nos atos, nos pensamentos e nos votos de bem-aventurança que dedicamos ao(à) nosso(a) companheiro(a).
- Rubis da paixão e da alegria por estarmos juntos. Reconhecer e amar a criança interior um do outro é uma chave para

que nunca se cansem de assistir à vida que lhes acontece, um com o outro.

- Hematites negras das dificuldades necessárias. Elas são o combustível inevitável para que a relação evolua. Elas produzem um cimento mais poderoso e mais capaz de fortalecer a relação do que os tempos de calmaria.
- Ônix dos lutos das ilusões e expectativas. Sem desilusões, sem aceitarmos morrer para as fantasias imaturas, sem abrirmos mão da ilusão de que o amor é uma carência disfarçada, e não uma abundância, ele não tem como crescer nem viver.
- Quartzo cor-de-rosa do perdão mútuo. Perdoar, perdoar, perdoar, até um dia compreendermos que o que perdoamos no outro, perdoamos a nós. Até um dia percebermos que tudo foi perfeito como o foi — como o é —, e que, por isso, não há nada para perdoar. Apenas para agradecer.
- Lápis-lazúli do entendimento silencioso e puro. É preciso que cada um tenha o próprio espaço psíquico-afetivo, seu tempo, faça seu silêncio e zele por seu sonho-lenda pessoal.
- Ametista da inspiração superior que nos guia rumo à superação de nós mesmos e à inspiração divina no cotidiano.

O amor não consiste em olhar um para o outro,
mas sim em olhar juntos na mesma direção.
Antoine de Saint-Exupéry

Espiritualidade e as Leis Universais

A Ciência da Mente é inteiramente baseada na ideia de que somos rodeados por uma mente universal, qual pensamos. Essa Mente, seu estado original, preenche todo o espaço. Preenche o espaço que o homem usa no Universo. Está dentro do homem e fora dele. À medida que ele pensa dentro dessa Mente universal que contém em Si mesma possibilidades ilimitadas, põe a lei, que é criativa, em ação.

Ernest Holmes, *Ciência da mente*

As Leis do Universo: A Lei é Infinita

Toda criação é governada por leis. Os princípios que operam no mundo físico, estudados pela ciência, são as leis naturais. Por outro lado, desde sempre todas as sabedorias e conhecimentos espirituais, iniciáticos, revelaram leis sutis que presidem o plano espiritual e a dimensão da consciência. De acordo com essa sabedoria, a verdadeira natureza da matéria está contida nessas leis. Conhecê-las implica transcender gradualmente a dualidade da realidade aparente. Vivê-las é conquistar a verdadeira liberdade interior. "Conhece a Lei e sê livre", dizem os mestres. Ser uno com elas é fazer com que nossa condição de seres espirituais tenha uma experiência humana e nos fundir com o princípio primordial da vida: o amor universal.

Demonstração da lei

"Há uma lei de desenvolvimento humano que diz que o homem só pode avançar partindo do ponto em que se encontra e indo até aquele em que gostaria de estar. Tal não acontece porque a lei é limitada, mas por ser lei. Uma pessoa exprime algo na sua mente e, automaticamente, a lei reage a esse algo. Então, devemos começar

> exatamente no ponto em que nos encontramos e, por meio de uma constante aplicação à verdade, nos desenvolver gradualmente em sabedoria e compreensão, pois só dessa maneira bons resultados serão obtidos.
> "Se, diariamente, tivermos uma compreensão maior e um conceito claro, se diariamente cumprirmos cada vez mais a verdade e a aplicarmos em nossas ações, então estaremos no caminho correto, no caminho da liberdade. Utilizar a lei de forma consciente é uma experiência maravilhosa e uma grande aventura, assim como sentir que podemos plantar uma ideia na mente (divina) e vê-la tomar forma de forma gradual." Ernest Holmes, *Ciência da mente.*

A Vida tem uma ciência, e sabedoria é conhecer essa ciência. Penso que as várias disciplinas científicas com ênfase para a física quântica, assim como as diversas religiões, são caminhos distintos com o mesmo objetivo comum (embora possa não parecer à primeira vista): chegar à Verdade, ao Conhecimento Universal, a Onisciência. Vejo os grandes cientistas como sacerdotes de vestes brancas plenos de devoção e fé em seu método científico, consagrando a vida ao ofício de descobrir a Verdade oculta na manifestação da matéria ou, como dizia Einstein, de conhecer "os pensamentos de Deus".

Todo pesquisador profundo da natureza deve conceber uma espécie de sentimento religioso, pois não pode admitir ser ele o pri-

meiro a perceber os extraordinariamente belos conjuntos de seres que contempla. No universo, incompreensível como é, manifesta-se uma inteligência superior e ilimitada.

Albert Einstein

Será possível chegarmos a conhecer a Unidade subjacente a toda vida e não partilharmos dela? Será possível conhecer a unidade sem SER parte dessa Unidade? Será possível compreender o que é o Amor sem ser esse mesmo amor? Precisamos estar disponíveis para aprender e dispostos a isso. Precisamos conhecer as leis para ser livres, ou seja, quanto mais conhecemos e vivemos essa ciência da Vida, mais nosso livre-arbítrio se combina e se alinha com nosso propósito de vida: a criação manifestando o Criador.

Quanto mais alinhados estamos com Deus, mais completo é o livre-arbítrio, ou seja, ele passa a coincidir com o destino da pessoa que nascemos para vir a ser (nosso *dharma*). Quando vivemos no *dharma,* o universo inteiro conspira conosco, com nossa realização, evolução e felicidade. As portas se abrem, as sincronicidades se sucedem, os milagres se tornam uma forma de vida.

A consciência disso é algo profundamente libertador, porque desaparecem as ilusões de que temos de lutar e resistir para realizar nosso destino e a angústia de não saber por onde é o caminho (porque ele está em nós). O livre-arbítrio é máximo quando nossa vontade está alinhada com a vontade divina, com as leis universais, ou, como dizia o doutor Carl G. Jung, quando fazemos alegremente o que precisa ser feito.

O Destino

Se não temos consciência da lei do carma, dizemos que as coisas que nos acontecem na vida são fruto do destino, assumido aqui como sinônimo de acaso, sorte ou azar. À medida que passamos a compreender, meditar e aplicar, quer a lei do carma quer as outras leis universais, ampliamos nossa consciência sobre a vida, redefinimos nosso papel cocriador nesse destino "que nos acontece" e conquistamos gradualmente uma liberdade sem preço. Isso é poder interior.

Lei do Carma

O carma corresponde à cadeia de ações de vidas passadas, as causas que geraram o cenário e as condições de nossa vida atual. O ser humano trilha um longo processo evolutivo. Todas as nossas escolhas passadas condicionam nosso presente, quer sejam elas positivas ou não. A maioria dessas escolhas é inconsciente. O biólogo dr. Bruce Lipton afirmou que cerca de 95 por cento do que criamos na vida é de forma inconsciente (nossos hábitos, automatismos, padrões inconscientes de resposta ao meio). Por isso, atraímos tantas vezes para nossa vida circunstâncias das quais não gostamos. São as leis da Atração, da Vibração e do Carma, juntas, em ação.

Exercício: torne-se observador de suas escolhas. Escolha conscientemente e, diante de uma dada decisão, medite na escolha que, para além de seu bem pessoal, beneficia todos os envolvidos. A gratidão e o perdão são as melhores escolhas para se semear um carma amoroso e abençoado.

Lei do Dharma

O *dharma* corresponde, fundamentalmente, ao propósito evolutivo de nossa vida. O caminho que devemos seguir rumo à Verdade. O alinhamento de nosso carma de acordo com dada direção, que é o propósito e o rumo da nossa vida e que, por sua vez, está em sintonia com a divina ordem universal. É nos tornar sucessivamente a pessoa que nascemos para vir a ser. O *dharma* é o Plano do Universo para nós. Quanto mais transcendemos nosso carma, mais tomamos consciência de nosso *dharma* e mais alinhamos nossa vida de acordo com ele.

Sou verdadeiramente livre quando aceito quem sou, com minhas dúvidas, angústias e limitações, e também com minha consciência, generosidade, entrega e compromisso. Então, trabalho a partir dessa matéria-prima que sou. Quanto mais trabalho comigo, mais transcendo minhas limitações — que não critico, porque, sempre que supero uma limitação, reforço uma virtude em mim, aprendo a expandir a aceitação dos outros, a ganhar uma sábia humildade e uma reverência profunda face aos mistérios maravilhosos que este universo-amor nos traz.

Um aluno me perguntou certa vez: Como sei que estou cumprindo meu destino? Respondi: Quantas vezes na vida você se descobre grato no coração? Para mim, o sentimento de estar grata por tudo o que recebo da vida é um dos termômetros mais infalíveis para avaliar o quanto me sinto plena e alinhada com as atividades, os dons e talentos, a forma de viver a vida da pessoa que nasci para vir a ser.

A Fé

Quando alguém me diz que não tem fé, não posso deixar de sorrir. Não se pode viver sem que seja pela fé: fé em que o Sol voltará a nascer amanhã, fé no profissional de saúde a quem recorremos, fé nos alimentos que compramos no supermercado, em que a fábrica que os produziu não vai lesar a minha saúde, fé em que posso atravessar uma via quando o sinal para o trânsito está vermelho sem recear, a cada momento, de que um motorista avance o sinal, fé na solidez da casa em que habitamos e nos conhecimentos dos engenheiros que fazem nossos edifícios, fé na tripulação do avião no qual viajo, fé em que, quando entro num ônibus, ele me conduzirá a meu destino, fé...

A ideia de que a fé só tem a ver com a experiência religiosa é um erro. A Fé é uma faculdade da mente que tem sua máxima expressão na atitude religiosa, mas a pessoa que tem Fé na própria habilidade empreende sempre mais coisas que aquela que não tem confiança em si. Os que têm grande Fé têm grande poder. A Fé é uma abordagem mental e afirmativa à Realidade. O que é o medo? Nada mais do que um uso negativo da Fé... Fé deslocada. A fé se constrói da crença, da aceita-

ção e da verdade. Tudo o que entrar no nosso pensamento e possa destruir, de alguma forma, uma dessas atitudes, enfraquece a Fé. Nossa mente tem de estar escorada na convicção de que nossa vida é uma parte de Deus, e na de que o Espírito está encarnado em nós. Todas as ciências são construídas por meio de princípios de Fé. Todos os princípios são invisíveis, e todas as leis, aceitas na Fé.

Ernest Holmes, *Ciência da mente*

Somos os receptáculos do conhecimento gerado, testado e passado a nós por gerações e gerações de seres humanos que nos antecederam e que deixaram um legado extraordinário de sabedoria — desde os mestres dos mestres aos cientistas, os mestres da alquimia, os sacerdotes, os marinheiros, as dançarinas, os músicos, os botânicos, os pensadores, os artistas, apenas para mencionar uma ínfima parte.

Tenha em mente que tudo o que você aprende na escola é fruto do trabalho de muitas gerações. Receba essa herança, honre-a, acrescente algo seu a ela e um dia, fielmente, deposite-a nas mãos de seus filhos.

Albert Einstein

Viver é aceitar participar dessa cadeia de conhecimento e, como um elo bem untado, passá-la a outra geração, com respeito pela generosidade, entrega e dedicação de nossos antepassados. Viver é um tributo, uma passagem de testemunho em que acrescentamos também nossa marca única, que é tanto mais rica e inspiradora quanto mais formos capazes de ser autênticos — o homem e a mulher que nascemos para vir a ser, em todas as circunstâncias. A sabedoria pertence a toda a Humanidade, assim como suas descobertas, suas dúvidas e suas conquistas. Partilhe-as, e todos nós ficaremos mais ricos, mais sábios, mais poderosos. Se cortarmos o fluxo da informação, alguém barrará o fluxo que devia chegar até nós. Quando você sentir no coração, com intensidade, que há algo para partilhar com alguém, vá em frente. Não tenha medo ou inveja de que o outro consiga aproveitar essa informação melhor do que você. Dê, simplesmente. Há uma contabilidade "comum" e uma contabilidade divina. Na contabilidade "comum", se eu dou, fico mais pobre, porque fico "sem". Nada mais errado. Caso você dê e sinta, em seguida, que ficou mais pobre e ressentido, não se iluda, é porque já era pobre antes de dar! Pobre de amor, esperança, alegria e confiança; rico em medo, defensividade e ansiedade. Pode acontecer de você ainda não estar pronto para dar algo — seja um objeto, um elogio, uma informação, uma oportunidade, um contato, um sorriso —, mas, ainda assim, algo dentro de você o "força" a ceder — para depois você se sentir mal consigo mesmo, culpado por ter agido contra sua verdadeira vontade e ressentido com a outra pessoa. Parece que paga um "preço alto" por ter dado algo. Neste caso, o aconselho a não ceder a um "impulso", mesmo que o primeiro deles seja dar *irrefletidamente.* Aconselho você a dar um tempo a si mesmo para refletir sobre o doar e o obter na sua própria vida. Onde você sente que é a vida que está lhe devendo? Você dá porque não sabe receber? Dá porque secretamente quer receber, mas não pede, porque isso o coloca numa situação de vulnerabilidade? Porque pedir lhe retira *poder*? Porque nunca lhe foi permitido pedir na Infância?

Vida

A vida é um somatório de lições em que nos é possibilitado aprender com os diferentes papéis assumidos, as diferentes perspectivas, os diferentes modos de ser, para que possamos encontrar, na síntese de tanta forma de funcionar e de viver, a Unidade subjacente a tudo. Imagine que a alma tem um tempo para aprender suas lições até regressarmos à beatitude original, à iluminação, à casa do Pai, à Mente Universal ou à Fonte Primordial. Ela encarna em sucessivas vidas, nas quais protagoniza papéis distintos. Imagine que a aprendizagem necessária para que se cumpra o ciclo de evolução que conduz à iluminação corresponda a fazer toda a escolaridade até, por exemplo, terminar o ensino médio. Não podemos alterar o currículo dos vários anos letivos — ou as lições que precisamos aprender —, mas podemos decidir adiar algumas e, então, não passamos de ano. Adiamos a conquista da maestria naquela disciplina — ou lição de vida — por mais um ano, dez anos, uma ou muitas vidas. Mas o currículo escolar permanece para que o aprendamos bem. Vida após vida, a oportunidade de vivenciar e explorar infindos papéis — de sermos tudo para todos, desde o mendigo ao rei, ao eremita, ao vendedor, ao agiota, ao filho, ao mestre, ao patriarca, à amante, à mãe, à anciã, ao estrategista, ao louco, ao ladrão, ao deficiente, ao índio, ao urbano, ao marinheiro... — é dada para nós. Assim, poderemos fazer a síntese e encontrar na diversidade um fio condutor, que é a extraordinária e sublime intenção inteligente que governa o universo; uma síntese isenta de preconceitos — pois já fomos tudo e todos — em que o amor universal vai brotando à medida que vamos aprendendo as lições e passando de ano, expandindo nossa consciência do nível mais *egótico* e unilateral para o nível mais amoroso e universal. Podemos andar marcando passo no terceiro ano do ciclo de uma vida inteira, ou passar vários anos letivos numa só vida. Depende apenas do nosso nível evolutivo. Mas chegaremos todos um dia a concluir o ensino médio com distinção. Saberemos que todos somos O Amor. Estaremos na casa do Pai (ou descobriremos que nunca saímos de lá).

Naturalmente, a crença numa só vida não é menos válida, nem se trata de validar mais ou menos uma ou outra crença. Penso que, para os que acreditam na existência de apenas uma vida humana, há questões cujas respostas são muito mais difíceis de ser encontradas, mas, mesmo numa só vida, temos a oportunidade extraordinária de viver muitos papéis e ter muitas perspectivas. Somos filhos, pais, amantes, empregados, empresários; comandamos, obedecemos, ensinamos e aprendemos, nos isolamos, intervimos, viajamos, construímos, destruímos, odiamos, amamos e interagimos com outros que representam muitos papéis para nós. Continuamos a ter a oportunidade de aprender e de evoluir com as muitas lições encerradas num só ciclo de vida humana; de expandir nossa consciência na aceitação-sabedoria crescente de tudo o que nos acontece, aumentando gradativamente a consciência do divino em nós.

A vida é sagrada, irrepetível, cheia de sentido e
da presença da plenitude.

Somos canais que recebem a inspiração, a sabedoria e o amor universais para expandi-los, irradiá-los criativamente. Compete-nos aprimorar os sentimentos recebidos física, emocional, intelectual e espiritualmente, de modo a sermos cada vez mais afinados, sensíveis, sintonizados, fortes, encontrados, unos, receptivos a essa informação, a essa sabedoria. Na medida em que estamos suficientemente vazios do poder ilusório do ego, das fantasias egocêntricas de grandiosidade e da consequente necessidade de reconhecimento desvirtuada, a vida nos preenche com sua força, sabedoria, plenitude, presença. Se houver espaço receptivo em nós, a vida entra em nós e nos enche de vida nova. Florescemos na paz, na presença, na intenção mais poderosa, na capacidade de sermos mais criativos, autênticos e amantes de quem somos.

Exercício:

Afirme diariamente e usando o próprio nome a verdade acerca de si próprio, compreendendo que você está refletindo suas afirmações na consciência e que elas serão operacionalizadas por meio de você. Isso é chamado de Alta Invocação; invoca-se a mente divina implantando nela sementes de pensamento relativas a si próprio. Por isso os professores antigos treinavam seus alunos para cruzarem as mãos sobre o peito e dizerem: "Eu sou maravilhoso, maravilhoso, maravilhoso!", ensinando-lhes assim que, quanto mais se valorizassem mentalmente, mais seriam valorizados. "Atuo como penso que sou e assim serei."

Ernest Holmes, *Ciência da mente*

A Lei do Não Julgamento

Um dos hábitos mais enraizados na mente humana é o do julgamento; o de julgar a tudo e a todos. Certa vez, julguei uma querida amiga minha por um comportamento que foi decepcionante e o rotulei de "manipulador". Fiquei magoada com ela e senti-me dona da razão e da verdade. Pensei: você não vai longe na espiritualidade com essas manobras do ego. Mas, nos tempos que se seguiram, a vida me brindou com um ciclo de renovação que passou por um momento de doença e forte baixa energética, enquanto ela teve grande êxito e notoriedade. Fiquei confusa; então ela não era *a* manipuladora? Não era a "má" da situação? Então, se o universo não funciona pela manipulação, por que a premiou? É que o universo também não funciona pelo julgamento e pela ausência de compaixão, o que eu manifestei. A vida me ensinou assim uma grande lição de humildade, pois massageava meu ego o fato de sentir-me secretamente superior, por ser mais bem-sucedida que ela e por ser dona de uma verdade mais *pura*.

A Mente Universal não julga. Os julgamentos são invenções humanas, formas de nos compararmos e de controlarmos, enquanto criamos padrões — muitas vezes irrealistas e artificiais — de perfeição e moralidade.

De acordo com a Lei da Atração, os julgamentos que fazemos atrairão julgamentos que serão feitos a nós, em igual medida.

Minha experiência do divino também evoluiu e amadureceu porque, dentro de mim, ainda havia uma criança com os ensinamentos da catequese e da escola dominical (frequentei também a denominação pentecostal). Esses ensinamentos foram absolutamente válidos àquela altura, mas, muitos anos e muita busca *da verdade* mais tarde — busca que passou pela minha iniciação em três religiões diferentes e outras tradições espirituais —, a ideia de um Deus que recompensava liminarmente os bons e punia a seu tempo os maus foi algo que se tornou fonte de grande frustração, confusão e alguma contestação, pois não era isso que eu via na prática. Eu era, claro, a boazinha, aquela que tudo fazia para agradar; como me aconteciam tantas injustiças e tanta falta de amor e valorização? Imatura, ainda não tinha como saber a essa altura que ser boa envolve ser genuína, autêntica e fiel a mim mesma; pois ainda nem sabia quem era eu. Ainda não chegara o tempo de aprender que ser bom não é uma expectativa ingênua, e na maior parte das vezes inconsciente, de que, ao representar dado papel, eu poderia ser secretamente bem-amada e validada pelos outros.

Pois Ele (Deus) faz com que o Sol se levante sobre os bons e os maus e faz cair a chuva sobre os justos e os pecadores. Também escreveu Salomão: tudo sucede igualmente a todos.

O mesmo sucede ao justo e ao herege, ao bom e ao puro, como ao impuro; tanto ao que sacrifica como ao que não sacrifica; tanto ao bom como ao pecador; ao que jura como ao que teme o julgamento.

Escritos de Salomão, *Bíblia Sagrada*

Sempre me confundiu essa citação bíblica "o mesmo sucede ao justo e ao herege". Por quê? Eu me questionava; então valerá a pena sermos justos? Foram precisos longos anos para chegar a uma resposta satisfatória, quando percebi que todos estamos sujeitos às mesmas leis. Que numa mesma vida podemos ser santos e/ou pecadores e que, certamente, precisaremos ter a experiência de ambos para transcendermos, para sermos a totalidade. É uma tremenda lição de humildade para o ego percebermos que não "ganhamos o céu" por sermos reconhecidos pelos *bons da vez*, e que nem aqueles que me fizeram mal vão "pagar para sempre, no fogo do inferno". É claro que ser virtuoso é fundamental, e precisamos fortalecer cada vez mais a pureza do coração. Mas não como falsamente virtuosos, identificados apenas com a Luz em nós e negando nossas áreas sombrias.

Descobri que o mal e o bem são experiências da realidade que temos de acordo com nosso nível de consciência. Mas só o amor é real; só ele existe. O amor é uno e representa a máxima inclusão; portanto, inclui todas as experiências. A divisão só existe dentro de nós. O amor abrange tudo. Nada discrimina. Na verdade, como diz Deepak Chopra, a mesma quantidade de virtude e de vício pode coexistir num cidadão comum e num terrorista. Um terrorista pode ser um benfeitor para sua comunidade, bom pai de família, religioso devoto e exímio respeitador dos preceitos da sua religião (tal como ele a entende, é claro). Pode ter compaixão por um amigo, amar seus filhos e ter ideias grandiosas em relação a seu povo.

Um cidadão comum pode ser manipulador no trabalho, pode se vingar da família, pode ser rancoroso e brutal, ter obsessões secretas, ser agressivo no trânsito, intolerante com os filhos, ausente com a mulher. Pode matar psicologicamente muitas pessoas, alimentar no próprio coração a maledicência, a inveja e o rancor. E, ainda assim, se considerar um justo que cumpre com suas obrigações, até mesmo as religiosas.

Não estou justificando o terrorista, de modo algum. Acredito que, pela lei do carma, há um motivo o mais das vezes oculto para certos atos que se cometem e que sempre receberemos na mesma medida do que fazemos ou não fazemos, dizemos, pensamos e criamos na mente. Mas precisamos ter a capacidade de ser mais exigentes conosco e ir mais longe nesse momento da história da humanidade, lidar com o "bem e o mal" de uma forma diferente daquela que continua a justificar dissenções, facções, divisões, vinganças e guerras. Relembrar que a Verdade é Una e que o Amor Maior pertence a todos ajudará gradualmente a transformar as superstições, os fanatismos religiosos e os racismos de qualquer espécie na tolerância e na inclusividade, estas sim dignificam o ser humano.

Acredito que, em cada ser humano, há Luz e sombra. No processo de iluminarmos nossa sombra, estamos sempre descobrindo dimensões desconhecidas e arcaicas de nossa natureza, que carecem de redenção e amor. Nossos atos podem ser imperfeitos a uma visão desarmada, porque só vemos um pequeno extrato da realidade (que interpretamos *a priori*, com base nas crenças que já adquirimos); vemos um fragmento da vida, num fragmento do tempo, numa atitude que julgamos condenável. Deus vê tudo em todos o tempo inteiro, ou seja, Ele É e nós somos nessa perfeição que É. Quantas vezes um ato que causa dano se transforma no detonador de um milagre, de uma maravilhosa mudança na percepção da vida?

Aquele que me causa dano está me dando a oportunidade de descobrir um bem maior na minha vida, de descobrir outro caminho mais favorável. Aquele que me apoia talvez esteja me permitindo continuar rumo à dependência, à irresponsabilidade, à estagnação ou à mediocridade.

Não quero colocar conceitos em causa aqui quando falo de bem e de mal. Desejo que possamos abrir a mente e o coração para um entendimento transcendente da vida, para que seus mistérios nos possam abençoar com sua santidade intrínseca e, assim, nos maravilhar com a vida que nos coube.

Os caminhos de Deus são insondáveis, e nossa mente fragmentada não pode abarcar a luminosidade do todo. Podemos e devemos almejar uma identificação cada vez maior com a luz, a essência que nos habita.

Todos no mundo reconhecem o belo como Belo
e, dessa forma, sabem o que é o Feio.
Todos no mundo reconhecem o bem como o Bem
e, dessa forma, sabem o que é o Mal.
Assim, o ser e o não ser se geram mutuamente.
O longo e o curto se delimitam; o alto e o baixo
se inclinam.

O tom e o som se harmonizam; o antes e o depois
se seguem um ao outro.
Assim o sábio executa suas tarefas sem agir
e transmite ensinamentos sem usar palavras.
Tao Te King

Tudo e todos servem a um propósito na criação: a ingratidão dá mais fulgor à gratidão, a carência dá mais sabedoria à abundância, a falta de afeto pode dar lugar a uma busca interna que nos liberta para uma nova capacidade de amar os outros e de sermos amados. Por isso, renegar uma parte de nossa existência rotulando-a de má pode ser algo muito enganador e nos retirar a capacidade de ver com outra lucidez e outra penetração, para além das aparências imediatas, o que de maravilhoso, positivo e renovador a vida nos trouxe com aquela experiência. Na espiral eterna do caminho da Vida que todos trilhamos, aceitemos a luz e o dia como a noite e a sombra, porque abraçar a dualidade é a única forma de transcendê-la, ao contrário do que tantas vezes nos ensinam a fazer:

- Não chore, vá a uma festa que isso passa.
- Não pense nisso agora, vá fazer qualquer coisa de útil.
- Ele foi tão mau pai que eu nunca o perdoarei.
- Fui tão traiçoeiro que nunca vou superar a vergonha do que fiz e me perdoar.
- Sou tão decepcionante que nunca merecerei ter uma vida boa.

Ou:

- Eu sou fantástico, nunca me engano!
- Estou sempre fazendo algo em prol dos outros, eles precisam muito de mim.
- Sou indispensável; sem mim, eles não conseguem nada.

É muito importante deixarmos de catalogar as coisas que nos acontecem como certas ou erradas, e de nos comparar com as vivências alheias. Sempre atraímos para nós exatamente aquilo de que precisamos para esse preciso momento. E se a minha experiência for diametralmente oposta à do outro, não devo cair na tentação de julgar qualquer uma das partes como errada. Todos — cada um de nós — somos necessários para a ordem universal. Cada qual é como uma peça de um *puzzle* holográfico astronômico, a quem compete desempenhar seu papel da melhor forma possível. Todas as experiências pessoais importam e são úteis para o quadro maior de nossa vida e da vida do todo.

O "Inimigo"

Há uma cerimônia de iniciação de uma sociedade secreta muito antiga em que preparam o principiante para uma iniciação e o colocam numa sala vazia diante de uma cortina fechada. Depois, dizem: agora você será confrontado com seu pior inimigo; abrem a cortina e... ele depara com sua imagem num espelho; o inimigo é ele mesmo! Um dia descobrimos que nós somos *o* inimigo, ou seja, que, no fim, nós é que criamos nosso inferno pessoal por meio dos pensamentos que temos e dos artifícios de culpa, negação, vergonha, carência, preconceito e medo com que filtramos as circunstâncias da vida. Descobrimos que *nós* mesmos é que nos interpomos entre nós e a paz interior, entre nós e as oportunidades da vida, e a magia de se estar vivo num planeta com tantas aventuras e inúmeras oportunidades de recriarmos a realidade. Então, assim como compreendemos que a raiva, o medo e o amor em nós são *o inimigo*, também descobrimos que o que verdadeiramente desejamos, no final, é a nós mesmos, é conhecer esse mistério que nos habita. Por isso muitas vezes levamos uma vida procurando fora de nós aquilo que está dentro. Por isso, os mestres nos dizem desde sempre: tudo está dentro de você, todas as respostas, todo o amor, toda a paz, toda a renovação, toda a esperança, toda a força. Nós somos o que mais desejamos encontrar. E porque, espiritualmente, somos todos UM, todo o conhecimento é autoconhecimento. Que maravilhoso é sentir que, onde você está, está tudo aquilo de que precisa! Temos o hábito de pensar que somos só um corpo físico, ou que somos mais um corpo físico ou uma personalidade do que qualquer outra coisa. Mas é apenas um hábito que, como outro qualquer, pode ser mudado. Somos aquele que sonha, aquele que testemunha, aquele que pensa, o observador silencioso interno. Aprenda a escutá-lo na vida; meditar diariamente é fundamental para chegarmos ao nosso Eu essencial.

A Lei da Oração e da Meditação

A oração é uma ação consciente que visa à comunhão com Deus. É também um processo de alinhamento e de abertura do nosso Eu profundo para com a Fonte Universal, na qual manifestamos nosso desejo de sermos inspirados e iluminados por essa Fonte.

Meditar é nos libertar, nos esvaziar de obstáculos à ligação com a Fonte Divina, o que nos permite receber essa Presença Amorosa. Na meditação, nos sintonizamos com a Fonte Espiritual, e a Força Criadora Divina pode se elevar ao longo dos canais físicos e espirituais do nosso corpo e se disseminar por meio dos chacras.

Medite diariamente nesse encontro com Deus no templo do seu corpo consagrado.

A meditação — qualquer tipo de meditação, embora eu recomende as de tradição hindu, como a Meditação Transcendental ou do Som Primordial, trabalhada por Deepak Chopra — é uma prática indispensável que transforma o caos/a confusão de nossos pensamentos correntes no diamante lapidado de uma consciência mais límpida, numa percepção mais refinada, poderosa e transformadora de nossa realidade de vida.

O Perdão

Para mim, o perdão é sagrado; é uma virtude espiritual. Como somos espírito, todos nós temos, naturalmente, acesso a ele.

A Lei do Perdão

Ao vermos tudo com Amor, desistimos dos "acertos de contas". Perdoar, libertar os ressentimentos, permite que a Lei da Graça interfira em nossa vida, nos libertando do carma individual. A não violência é o resultado natural das Leis do Perdão e do Amor. Todo bem deriva do perdão. O perdão é a quietude da mente.

Perdoar não significa:

- Que aceito e valorizo o comportamento agressivo do outro.
- Que passo uma esponja e esqueço tudo automaticamente, como se apagasse no meu cérebro aquelas células que contêm a memória da ocorrência. O que acontece é que, quando me lembro da situação por meio de um trabalho honesto de perdão, a dor sentida antes vai diminuindo cada vez mais,

até que um dia me recordo do ocorrido e já não dói mais!
Até que me esqueço da própria situação.

O perdão se transforma, assim, numa extraordinária conquista do amor. Uma conquista que nos traz cada vez mais paz interior, que liberta grande quantidade de energia psíquica/emocional, e, então, passamos a ter mais energia disponível para fazermos outras coisas na vida. Tenho verificado em meus grupos de trabalho com milhares de pessoas que o perdão, a maior parte das vezes, é um processo gradual de conquista de mais uma e outra camada de dor que vai sendo curada, como uma cebola da qual vão se retirando cada vez mais camadas, gradativamente mais profundas. O processo do perdão não pode excluir, a meu ver, o direito à indignação, a necessidade de lidarmos adequadamente com a raiva, com a dor de algo que se quebrou, com o tempo necessário ao luto de uma relação tal como a conhecíamos, para dar lugar a uma situação nova. Mas conheço muitas pessoas que prolongam por anos sem fim a raiva, a revolta, querendo, acima de tudo, estar certas, embora profundamente infelizes e magoadas. Não perdoam porque pretendem castigar os outros — que, muitas vezes, já nem estão lá — assim, porque querem roubar do outro uma paz e uma felicidade sem perceber que estão roubando sobretudo a si mesmos. Muitas vezes, é útil — e eu o aconselho a ir visitar o dragão que tanto mal nos fez no passado. Poderemos descobrir que aquele odioso dragão se transformou num... rato!

O perdão depende da minha capacidade de me abrir e de sustentar o amor na minha vida, não das ações ou reações de quem me causou dano. O perdão depende de quanto aceito e integro na minha vida a consciência de que sou merecedor de ser amado e de ter uma vida abundante em relacionamentos gratificantes, não de quanto mais desconsiderações, insultos ou perdas estou disposto a suportar. O perdão verdadeiro (haverá outro?) só nasce de uma postura de abundância, de uma serena mas poderosa focalização do coração no amor, que está para além do julgamento. O perdão não nasce da ansiedade, de um esforço que drena a vitalidade, do medo, das ameaças, de um negócio com contrapartidas, da manipulação ou da tentativa de ser bonzinho para que outros sejam como eu quero; ele só nasce da liberdade. Liberdade de escolha, liberdade de nos amarmos mais, liberdade de nos iludir sobre estarmos melhor com o ganho secundário da dor e do ressentimento. Liberdade de aceitarmos a Vida na íntegra, aceitarmos aprender atentamente nesta escola, com as experiências que nos elevam aos cumes da gratidão e com aquelas que nos levam aos abismos da desilusão e do desespero. Perdoar é uma das experiências mais alquímicas que conheço, capazes de transformar nosso corpo físico.

O Universo está programado para o perdão, porque o programador foi o Amor

Verifiquei na minha vida e na vida de meus alunos e clientes que não perdoar significa, em diversos graus, literalmente dar cabo de nós mesmos. Significa ficarmos tristes, doentes, autodestrutivos, azedos, vazios, sem energia. Não quero isso para mim. Quero seguir pela vida expressando minha verdade, agradecendo as bênçãos das parcerias felizes, mas também dos desencontros, das relações que não deram certo, que ficaram para trás.

Recordo-me de ter atingido um nível importante de perdão em minha vida com relação à traição de uma amiga muito especial. Quando pratiquei esse perdão com ela, foi algo absolutamente libertador e maravilhoso; entendi claramente sua presença em minha vida e o quanto eu crescera com aquela experiência. O quanto eu consegui ultrapassar julgamentos que me limitavam e os meus próprios limites autoimpostos à prosperidade. No entanto, passado algum tempo, inesperadamente tive um receio — o receio de que, caso reencontrasse aquela amiga a quem havia perdoado, e que já saíra da minha vida, *ela* pudesse fazer algo que me levasse a perder essa paz; o receio de me fazer recuar na harmonia já conquistada, como se reativasse uma ferida sarada. O medo de ela voltar a fazer algo que me magoasse, comprometendo meu trabalho tão sério de perdão. Aceitei esse medo e essa ansiedade, agradeci por lá estarem, mas procurei ver por trás deles. Percebi que a conquista desse processo fora *minha*; por isso o perdão é um ato, uma qualidade espiritual; por ser incondicional, nasce do amor e da consciência da Luz em mim.

Percebi que o perdão me transformara, mas não necessariamente à outra pessoa, embora eu tenha visto isso ocorrer inúmeras vezes. A incondicionalidade do perdão significa que não exijo nada do outro para perdoá-lo. Ora, se não exijo nada, também não dependo de nada do que o outro possa fazer ou não. Quando não imponho condições e estabeleço meus próprios padrões de atuação nas relações com os outros, as ações desses têm cada vez menos poder para me retirar de um estado de harmonia e de atenta presença. Claro que todos nos influenciamos mutuamente — somos personagens dos filmes uns dos outros! —, mas o poder de *autorrecriação* dentro de cada um de nós nos permite renovar constantemente nossas atitudes e defesas frente às ações dos outros. Este é o poder que nos liberta do círculo vicioso das inúmeras repetições da mesma atitude, do mesmo gesto, da mesma palavra, diante de situações que podem até ser novas, mas que reativam antigas projeções na nossa mente, velhos filmes que ainda passamos na tela de nossa vida, agindo no presente com as armas, suspeitas, vícios, vergonhas e preconceitos do passado. Dê a si mesmo o benefício da dúvida; reconheça a possibilidade de algo na sua percepção já não estar atualizado; aceite que sempre há outra forma de lidar com cada situação; mude sua vida com o poder do perdão.

O ódio não destrói o ódio, só o Amor destrói o ódio.
Sede como o sândalo, que perfuma o machado que o corta.
Buda

Lei Universal da Unidade

Quem está mais próximo de Deus é quem abraça mais de si mesmo, quem é mais uno dentro de si, quem se aceita mais e, assim, tem o poder de transformar seu eu inferior, de iluminá-lo, naquela que é a experiência fundamental da encarnação: trazer o espírito à matéria. Se Deus é a máxima unidade, quanto mais inteiro eu estiver, quanto mais inclusivo for, mais próximo estarei da presença de Deus. Quanto mais dividido estiver com preconceitos, xenofobias, racismos e falsas identificações só com meu lado virtuoso (eu sou melhor do que você), mais longe estarei da graça divina.

Lei Universal da Unidade

Estamos todos ligados, transportando a semente divina. Essa é a forma como começamos e como nos desdobramos até a eternidade. Apenas na terceira dimensão ou na forma física, devido à separação aparente que vivemos entre o nosso *self* (Eu divino) e a personalidade, é que experimentamos a ilusão de que estamos sós. O medo entra em nosso corpo emocional por conta dessa ilusão e começa a fechar cada vez mais a nossa ligação com a fonte. Do mesmo modo e porque *Somos Todos Um*, quando permitimos o crescimento da alma em nós, de uma forma profunda e maravilhosa, todos se beneficiam.

A espiritualidade é acerca de Ser, não de ser algo. E o ser — o estar consciente, atento e presente a todo instante — é a cura para as feridas de nossa criança interior abandonada, com medo do abandono, vazia de amor. Aprender a cultivar essa presença interior em todas as circunstâncias da vida é a raiz do verdadeiro poder. Dessa forma, a criança sofrida dentro de nós vai aprendendo a confiar em nossa capacidade de tomar conta dela, de estar lá para ela sempre que for necessário, e tem a oportunidade extraordinária de continuar conosco pela vida ocultada e segura no nosso coração, crescendo com nossas conquistas e reconstruindo sua natureza de amor.

A vida não tem a ver com aparências. As aparências são válidas e necessárias ao propósito maior, assimcomo a infância é uma porta incontornável e necessária ao projeto de sermos quem nascemos para vir a ser. Mas, para chegarmos aí, não podemos ficar presos às aparências. Temos de aprender a ler os sinais nas circunstâncias previstas e imprevistas, encontrar um sentido mais profundo para aquela experiência dolorosa. Aprender primeiro a tatear e, finalmente, a caminhar levando pela mão um fio invisível — o fio condutor do nosso, aquele destino que nos fez nascer daqueles pais, naquela terra, com aquela tez, aquela predisposição e aquelas tendências. Quer saber qual é seu destino? Conheça a si mesmo; trave intimidade consigo e mergulhe no seu ser profundo. Aprenda com todas as partes, com cada fragmento conhecido ou emergente, perdido ou reencontrado, superficial ou enraizado, luminoso ou obscuro. Tudo fica diferente quando o saudamos, reconhecemos e convidamos a fazer parte de algo com sentido, com sonhos e com vontade. Não é isso que você é? Então, por mais imperfeitas que algumas partes de nós nos pareçam, aprendamos a reconhecer a maravilhosa perfeição que há em nossas imperfeições.

Um dia, descobrimos que as imperfeições fazem parte de um roteiro que nos conduz pela vida até o nosso propósito evolutivo, da forma mais rápida e econômica possível. O universo se certifica de que a evolução ocorra com o máximo de eficácia e o mínimo de custos. Mas isso não significa que a fonte de toda manifestação esteja com pressa (bilhões de anos são apenas uma respiração para a Essência).

A Lei Universal da Economia

A Lei Universal da Economia é uma manifestação do incomensurável poder criativo e criador dessa Fonte primordial de todas as coisas. A Lei da Economia é uma entre muitas outras que nos são ensinadas há milênios pela ciência esotérica e a antiga tradição, leis que encorajo o leitor a investigar e a encontrar suas raízes profundas no âmago da própria vida (pode consultar obras de Alan Oken, Alice Bailey ou Madame H.P. Blavatsky). Nós somos o tecelão; as leis são o tear e a tapeçaria, a obra a que chamamos "nossa vida". E o mistério maior, o de todos nós — tecelão, tear e tapeçaria — nos fundirmos no Um Só, no Princípio Uno.

A Lei Universal da Economia

A Lei Universal da Economia, ou do Mínimo Esforço, é a que ajusta tudo o que se refere à evolução material e espiritual do cosmos, de acordo com o menor dispêndio de *recursos*/energia. Essa lei nos convida a usar tudo o que fizermos de bom-senso, discriminação e verdadeiro sentido de valores (que ordenará nossas prioridades), pois, se estes estiverem presentes, o tempo será economizado, a energia, distribuída com sabedoria, e o zelo excessivo, eliminado, e nós seremos canais cada vez mais apurados para a obra da evolução.

A Lei dos Ciclos

Há um tempo para tudo na vida e para experimentarmos diversas emoções, diversas versões de nós mesmos, diversos papéis, diversas modalidades de viver de acordo com a consciência de cada momento.

A Lei dos Ciclos

A Natureza se caracteriza por seus ciclos — como a sucessão do dia e da noite ou a das estações. As estações não ficam se empurrando para ter lugar. Todas as coisas ocorrem no devido tempo. Tudo tem um tempo de ascensão e um tempo de queda. O que se eleva desce e o que desce volta a ascender.

Quando treinamos testemunhar tudo isso e percebemos que é a vida que nos acontece e que baila conosco a dança da Terra, começamos a notar muitas coisas, dentre elas:

- Não adianta tentarmos nos defender de algo que, afinal, não está fora, mas dentro de nós.

- Que nos colocar em ordem interna implica resolver o mundo inteiro, e nisso nos pacificarmos.
- Que o treino é quase tudo.
- Que o AMOR somos nós, vem de nós, e que não podemos fugir dele, porque ele é uma Lei, exatamente como cada Vida: você deve viver, essa é uma Lei divina. E que viva na mais luminosa versão de si mesmo.

Para tudo há um tempo, para cada coisa há um momento sob os céus:

- *Tempo para nascer e tempo para morrer; tempo para plantar e tempo para arrancar o que foi plantado.*
- *Tempo para matar e tempo para sarar; tempo para demolir e tempo para construir.*
- *Tempo para chorar e tempo para rir; tempo para gemer e tempo para dançar.*
- *Tempo para atirar pedras e tempo para uni-las; tempo para dar abraços e tempo para ficar excluso.*
- *Tempo para procurar e tempo para perder; tempo para guardar e tempo para jogar fora.*
- *Tempo para rasgar e tempo para costurar; tempo para calar e tempo para falar.*
- *Tempo para amar e tempo para odiar; tempo para a guerra e tempo para a paz.*

Bíblia Sagrada, Eclesiastes 3, 1-8

A Lei da Atração

O Semelhante atrai o Semelhante

Prosperidade Integral de Vida

Prosperidade é uma forma de viver, pensar e existir na vida em que me sinto e sei merecedor de realizar meu potencial em todos os aspectos.

Na minha capacidade de amar e de ser amado, de me expressar criativamente desenvolvendo meus dons e talentos específicos, de ter saúde e energia, de criar oportunidades para mim e para os outros, de desfrutar de abundância financeira, de contribuir para o bem-estar dos grupos nos quais me insiro, de expandir meus horizontes intelectuais e conquistar sabedoria de vida, de evoluir espiritualmente e de partilhar o Amor em todas as suas formas, sei que colherei tudo o que eu semear.

Ser e ter

É minha capacidade de aumentar minha vibração (por meio da meditação, oração, gratidão, serviço aos outros, bondade, pacificação interna, desapego, diversas práticas espirituais) que produz maior abundância em minha vida. Quando me torno mais luminoso, mais luz pode entrar em minha vida sob a forma de sabedoria, amor, prosperidade, felicidade, paz e bem-aventurança.

Lei da Vibração

É a base da manifestação. Nada é estático; tudo se move e vibra. Essa é a Lei do progresso, do movimento e da rotação. Esse princípio explica que as diferenças entre matéria, mente e espírito resultam fundamentalmente dos níveis vibratórios de cada um deles. Matéria é energia vibrando em baixas frequências; espírito é energia vibrando em altíssima frequência. Tudo que existe está em constante vibração e movimento.

Tudo é energia em vibração. O dinheiro é energia, assim como outra coisa qualquer, uma cadeira ou um livro, por exemplo. O dinheiro é um meio para alcançarmos aquilo que realmente queremos: ter experiências de Ser, tais como:

- Por meio do dinheiro, quero, por exemplo, viajar para ter uma experiência de prazer, expansão de horizontes, descoberta e *comunhão* com outros povos, *plenitude* com a natureza etc.
- Por meio do dinheiro, quero ter uma experiência de segurança, estabilidade e *paz*.

Assim como por meio de uma relação afetiva, quero ter uma experiência de felicidade, de amor. As experiências do ser são vivências espirituais, expressas por meio de emoções e sentimentos, que traduzimos por palavras como: *felicidade*, *unidade*, *plenitude*, *paz*, *amor*, *liberdade*, *beatitude*.

Devemos procurar experiências, especificamente a da paz e a do amor, pois elas são absolutamente inclusivas e portadoras de nossa herança integral. Podemos afirmar por qualquer coisa — prosperidade, saúde, amor, oportunidades —, mas procuremos primeiro o reino dos céus, a paz que excede todo entendimento, e todas as outras coisas serão acrescentadas a nós.

Se nos fixarmos no meio para chegar a algum lugar perdendo de vista o fim, o objetivo que realmente queremos vivenciar, não chegaremos a vivenciar as experiências do Ser, mas apenas uma versão barata. Poderemos ter:

- Muito dinheiro e bens materiais.
- Muita influência.
- Uma carreira brilhante.
- Muitos(as) namorados(as).
- E ser emocionalmente miseráveis, socialmente pobres, afetivamente deficientes, fisicamente escravos, culturalmente ignorantes e espiritualmente doentes.

Devemos nos perguntar: o que quero vivenciar pelo fato de ter:

- Muito dinheiro e bens materiais.
- Muita influência.
- Uma carreira brilhante.
- Muitos(as) namorados(as).
- Etc.

Devo me perguntar: se eu tiver isso, o que ganharei e acrescentarei à minha vida? Se eu fizer essas perguntas, certamente chegarei às experiências do Ser, por caminhos maravilhosamente inesperados. Por vezes, queremos chegar à *felicidade*, à *unidade*, à *plenitude*, à *paz*, ao *amor* e à *liberdade*, *beatitude*, por caminhos que não nos levam lá.

Todas as coisas nos são lícitas, mas nem todas elas edificam.

Bíblia Sagrada, I Coríntios, 10:23

Aprendamos a perceber o que nossa alma realmente quer viver por meio das relações, das circunstâncias e dos bens materiais que queremos ter, para compreendermos se os caminhos que escolhemos nos levam até lá ou não.

Aprendamos a focalizar nossa atenção nas vivências que queremos manifestar em nossa vida e a trabalhar em cima delas. Por exemplo:

> Se quero ter uma casa nova mais confortável, devo focalizar meus pensamentos na ideia de conforto, bem-estar, segurança; tornar o local que habito nesse momento o mais confortável possível e usar as várias ferramentas a meu dispor para expandir minha capacidade de receber um bem maior na vida. Visualizo a casa que quero com todos os detalhes possíveis, mantendo a sensação de bem-estar e alegria como a emoção dominante sempre que penso nessa casa.

O bom arqueiro acerta o alvo antes mesmo de ter disparado.

Zhao Buzhi (sobre acreditar antes de fazer)

Afirmações para a prosperidade:

A casa dos meus sonhos vem até mim na perfeita sequência espaço-temporal a um preço que posso facilmente pagar.

Abençoo com amor minha casa atual e sei que os próximos moradores serão muito felizes aqui.

Quer eu trabalhe, quer me divirta, quer descanse, sempre tenho muito dinheiro.

A prosperidade está onde eu estiver. Está dentro da minha casa (não tenho de sair dela para ser feliz!), está dentro de mim.

Meu sucesso é uma bênção para minha família e para meus ancestrais.

Autossabotagem

Verifico também se há emoções que possam estar em conflito com esse objetivo, como o medo de não poder pagar a hipoteca de uma nova casa, e trabalho sobre esse medo. O universo responde à emoção maior, pois todos os nossos estados emocionais geram vibrações energéticas que, por sua vez, atraem vibrações correspondentes. Se meu medo de custear uma casa melhor for maior que meu prazer de ter uma casa nova, posso me mobilizar conscientemente no sentido de comprar a casa, mas, inconscientemente, agirei na direção que não ameaçar meu medo maior. O conflito interno é uma das fontes de nossa autossabotagem. Outro exemplo: conscientemente, quero encontrar um parceiro ou uma parceira com quem possa construir uma relação amorosa gratificante. Mas se não tenho consciência do meu medo da intimidade, da rejeição ou do abandono, agirei inconscientemente no sentido de ou ficar sozinho ou atrair quem me espelhe esses mesmos medos (alguém que eu possa dominar ou que seja dominador, ausente ou emocionalmente inacessível).

Outro exemplo de sabotagem à nossa prosperidade é o fato, já abordado neste livro, de querermos estar certos e, ao mesmo tempo, mantermos um sentido de pertencimento ao círculo social de que fazemos parte, ambos a qualquer preço. É legítimo e próprio do ser humano querer sentir que pertence a um grupo, seja a família, a tribo, a empresa, o clube desportivo etc. Quando alguém decide melhorar suas condições de vida, os outros tendem, em geral, a se sentir ameaçados, não só por terem um lado competitivo (muitas vezes, velado), mas também porque essa promoção do outro nos remete para o que temos conseguido (ou não) em nossa própria vida. Sabemos inconscientemente que o nosso sucesso pode ameaçá-los, e isso não é uma coisa boa para provocarmos; estaríamos errados se ameaçássemos o bem-estar daqueles que amamos, mesmo que fosse para melhorar nossa vida. Se esses outros representam muito para nós (como os nossos pais, irmãos, amigos), então podemos recuar em nossa intenção de ser mais prósperos, porque não queremos perder sua estima nem nos sentirmos errados fazendo algo que não aprovariam (sobretudo inconscientemente). É um preço alto para o sucesso. É como se nós os traíssemos; quem é que eu penso que sou para ser uma pessoa realizada e próspera, se os meus pais não o conseguiram ser?

> *Nosso medo mais profundo não é que sejamos LIMITADOS. Nosso medo mais profundo é que sejamos demasiadamente poderosos. É a nossa LUZ, e não a nossa escuridão, o que mais nos assusta...*
>
> Marianne Williamson no seu poema "Our Deepest Fear"
> ("Nosso medo mais profundo")

O ser humano resiste muito a seu bem maior e, muitas vezes, somos dependentes da crise. Resistimos à cura — que pode significar sermos amados, termos saúde, harmonia, abundância material ou oportunidades profissionais para usar nossos talentos e manifestar nosso potencial. Resistimos ao amor, resistimos à ideia de que somos merecedores dele. Resistimos à ideia de que podemos ter estabilidade financeira com tranquilidade, sem esforço ou luta, resistimos a ter relacionamentos mais pacíficos e equilibrados, resistimos à ideia de que podemos ter tudo na vida...

Tudo posso naquele que me fortalece.
Bíblia Sagrada, Filipenses 4: 13.

"Como podemos ser tão maravilhosos se há tanto sofrimento no mundo?", alguém pode perguntar. Pois haveria menos se você fosse mais feliz! Haverá cada vez menos sofrimento quando cada um de nós permitir mais e mais que nossa vida seja conduzida a partir da aceitação de nossa essência amorosa, criativa e eterna. Esse é o desafio que persiste e que reaparece de tempos em tempos disfarçado de várias roupagens, que são as circunstâncias em mudança. O desafio que persiste é o de aceitarmos nossa divindade interior. O que confunde muitas vezes as pessoas é que, quando começamos a fazer um trabalho espiritual, uma caminhada interior por meio da qual queremos nos amar mais, por vezes parece que as coisas ficam piores no início. É porque um acréscimo de consciência vai fazer vir à tona um acréscimo daquilo que estava inconsciente para que eu conheça aquela parte de mim escondida, negada ou ignorada. Ao tomar conhecimento dela, aprendo a aceitá-la e a transcendê-la fazendo uma nova síntese, subindo mais um degrau rumo ao poder pessoal interior ou à alquimia da felicidade.

Exercício: Chuva de afirmações positivas

Este é um exercício maravilhoso para a autoestima e a criança interior. É para ser realizado por várias pessoas. Reúna um grupo de familiares ou amigos, coloque um deles no centro e os demais em um círculo (todos sentados, de preferência no chão). O que estiver no centro vai receber apenas o amor dos outros, de olhos fechados e postura receptiva. Todos os outros, durante cerca de dois minutos ininterruptamente, vão dirigir a ele afirmações amorosas, de elevação, admiração, encorajamento, como por exemplo (sempre dizendo o nome da pessoa):

> Você é maravilhoso, criativo, inteligente, sincero, bem-disposto, bom companheiro, bom filho. É acessível, sábio, atento, empreendedor, uma pessoa bem-sucedida, talentosa; siga em frente, acredite em si mesmo, pois é seguro mostrar seus sentimentos, é maravilhoso conhecer a si mesmo!

Diga usando suas próprias palavras, e não é necessário que vocês se conheçam — siga o seu coração. O fundamental é que, ao longo dos dois minutos, TODOS falem simultaneamente para que as defesas inconscientes de quem está no centro tenham menos possibilidade de neutralizar as mensagens positivas que são absorvidas. Se quiserem, podem acrescentar um toque carinhoso à chuva de afirmações.

No final, quem está no centro agradece e, passando assim a ocupar um lugar no círculo. Feito isso, ele passa a ser doador (e assim sucessivamente, até que todos tenham sido receptores). É um exercício poderoso, catártico, bem-humorado e comovente, no qual poderemos perceber claramente se, para nós, é mais fácil dar ou receber. Experimente!

A Lei da Atração

De acordo com a lei universal da atração, o universo quer para nós o que queremos para nós mesmos. Ou seja, o universo respeita nossa consciência e o que o nível evolutivo dela atrai. Recebemos o que damos porque damos a nós mesmos. O que fazemos, fazemos a nós mesmos, pela lei do carma. A vida nos trata de forma igual a como nos tratamos (consciente e inconscientemente).

A Lei da Atração e da Analogia

São leis fundamentais da manifestação. Integram os seguintes princípios:

- Semelhante atrai semelhante.
- O que está embaixo é como o que está em cima e vice-versa, para que se realize o milagre da coisa unificada. (Excerto da *Tábua Esmeralda*, de Hermes Trimegistus)

O maior agente unificador do universo é a energia do Amor-Sabedoria, e o propósito da Analogia é conduzir a mente de volta ao sentido da unidade (a iluminação). Os pensamentos e as imagens que retemos em nossa mente consciente e inconsciente se manifestarão espelhados nas nossas circunstâncias externas. O mundo exterior é o espelho do mundo interior. Quando essa Lei for usada conscientemente, a claridade de nossa visão aumentará e será possível que a mente penetre gradualmente nos segredos da Vida, iluminando muitos paradoxos e esclarecendo muitas questões. A analogia ou a correspondência estabelece a interligação entre todas as coisas no universo e mantém todas as coisas relacionadas entre si.

Lei da Intenção e da Manifestação

"A energia segue o pensamento", axioma esotérico. Pensamos e agimos. O pensamento é uma força criadora. A mente humana é uma centelha da mente infinita de Deus.

Alinhe-se com a fonte universal (por meio da meditação ou da oração), focalize-se na sua intenção (mantenha-a em mente) e tome uma iniciativa no plano físico, de acordo com essa intenção. Paralelamente, desenvolva o desapego pelos resultados. O processo da criação na vida não é para que fiquemos obcecados por um fim em si mesmo, mas para aprendermos a amar a sacralidade de todo o processo, a cada instante.

Lembre-se de que o universo não funciona pela competição, mas pela cooperação. Devemos ser cocriadores,

> não competidores. A evolução não anda para trás, não é reversível (não é possível que um anfíbio volte a ser peixe). A excelência é o impulso silencioso no coração da humanidade e é autossuperação. A autossuperação não é luta; é evolução, é criatividade.

Quanto mais tempo um pensamento puro (isento de outro pensamento) for mantido na mente, mais poderoso será o resultado. Esse é o início do processo de manifestação de nossas intenções. A atenção energiza um desejo; a intenção transforma a realidade, promovendo a manifestação do desejo.

Em termos de afirmações, não é necessário afirmar pelo que já temos; o salto quântico ocorre quando agradecemos (por tudo) e cocriamos o que ainda não vivemos. Crie as próprias afirmações agradecendo por experiências cotidianas de paz, prosperidade, saúde, de ser amado etc.

Devemos dizer claramente ao universo quais são nossas prioridades na vida; o que queremos realizar, os sonhos de nosso coração. A razão pela qual devemos estabelecer e afirmar diariamente ao universo nossos objetivos de vida é que esses irão traçando nosso caminho rumo ao encontro de nós mesmos, numa versão mais consciente e sábia. Não são os objetivos do vizinho, do colega ou do primo que nos orientam em nosso percurso. Temos de ser nós mesmos a dizê-los, trabalhá-los, manifestá-los, ousá-los, porque são *nossos*.

Exercício: mapa do tesouro

Faça um quadro anual com colagens ilustrando seus desejos em todas as áreas: física/saúde, afetiva/familiar, carreira/profissão, financeira, estudos/desenvolvimento pessoal, social, lazer/viagens, espiritual. Acrescente suas afirmações favoritas relativas a cada área. Coloque o quadro em seu quarto e todos os dias, ao acordar e ao deitar, medite sobre todos os objetivos presentes fazendo as afirmações correspondentes. Renove-o anualmente no seu aniversário, nos primeiros dias da primavera ou na mudança do ano civil. Trata-se de um poderoso instrumento de apoio à manifestação dos objetivos do seu coração.

O Poder do Pensamento

Quanto mais pudermos receber da vida, mais receberemos. Cada um de nós estabelece sua medida de felicidade, de acordo com aquilo em que acredita. Um dos maiores desafios para muitas pessoas é aumentar a própria consciência, de forma a se saber merecedor de mais abundância na vida.

Um pensamento é uma expressão do amor ou do medo. Somos feitos à imagem e semelhança do divino: somos cocriadores da nossa realidade.

Por meio do pensamento, o homem pode vivenciar o que desejar — pensando corretamente, se torna uma personificação do que se passa em sua mente. Isso é possível, não por se terem pensamentos, mas pelo conhecimento da verdade. Partindo do princípio de que se trata de uma verdade, não podemos dizer que um pensamento é criativo enquanto outro não o é. O que se pode afirmar é que todo pensamento é criativo; essa criatividade está na relação direta da natureza, do impulso, da emoção ou da convicção que produz o pensamento.

O pensamento cria um modelo no mundo subjetivo, no qual a ideia é aceita e aí permanece; isso é o poder em movimento, de acordo com o pensamento. E já que estamos falando de uma lei, e não de uma fantasia qualquer, quem ignora este fato não fica imune a seus efeitos. Quando pensamos, algo acontece com o pensamento. O campo em que o pensamento opera é infinito. Estamos imersos na bondade infinita. E quanto dessa bondade infinita nos pertence? ELA TODA! E quanto podemos usar? TANTO QUANTO PUDERMOS INCORPORAR.

Ciência da mente, de Ernest Holmes

Quando encontramos uma mensagem negativa por meio de nosso diálogo interno, encontramos algo precioso, pois aí já sabemos em cima de que podemos trabalhar para vivermos melhor conosco. Quando surge um pensamento de dúvida, medo, culpa etc., aprendo a tratá-lo com respeito e lhe digo: obrigada por partilhar comigo, mas agora escolho pensar a paz, escolho ser merecedor de mais. Em vez de gastarmos energia nos criticando e nos torturando, devemos olhar para o que quer que esteja atrasando, bloqueando nosso progresso, e trabalhar com isso. Devemos ser *observadores* de nós mesmos, em vez de magoarmos sistematicamente a nós mesmos.

Aprender a pensar é aprender a viver. Se não somos mestres do nosso próprio pensamento, seremos mestres do quê?...

Pensamento positivo

Quando comecei a ensinar sobre pensamento positivo no âmbito do Método de Desenvolvimento Pessoal que criei, baseado na filosofia de Louise Hay, descobri que havia muitos equívocos nessa área. Sobretudo que pensamento positivo era confundido com a tentativa de manipular o destino alheio; que se praticava o pensamento positivo para que muitos pensamentos negativos (muitos inconscientes) ficassem escondidos; que se fingia não haver pensamentos negativos, que envergonhavam os estudantes dessa filosofia de vida.

Aprendi, com um treino integral de vida que inclui práticas espirituais, processos emocionais de cura da criança interior e um trabalho diário de programação mental positiva para cocriar minha realidade: a ter uma vida conjugal e familiar com muita compreensão e muito amor; amigos excelentes; melhorias importantes na saúde; a executar as tarefas que amo; a casa dos meus sonhos; um estilo de vida bonito e digno; inúmeras oportunidades para expressar minha criatividade e minha prosperidade financeira. Mas nenhuma dessas vivências, por si, substitui a experiência profunda e íntima da paz interior, que intenciono que habite cada dia mais em mim e que é a verdadeira fonte de todas as outras manifestações.

Quando aprendemos sobre os efeitos do pensamento positivo, devemos saber, em contrapartida, que os desafios não desaparecem de nossa vida. Normalmente, a vida mantém alguma área em que as coisas não correrão como desejamos, para que o nosso ego se recorde de seu tamanho, para que a humildade nos traga mais sabedoria, para nos lembrarmos de que o caminho não terminou. Se não estivermos ancorados na Luz-em-nós, será mais difícil ter uma vida frutuosa, plena de sentido e alegria em todos os seus ciclos.

Aprendi que manifestar a minha vontade é um direito e que meu deleite é o deleite de Deus para mim, mas que tenho de olhar para eles como se fossem manifestações de uma rendição interna a um poder maior, o poder do amor, mais do que algo que aconteceu exclusivamente devido a meu trabalho. Até porque, se fosse apenas baseado nos meus sonhos, aquilo que manifestei até hoje teria ficado muito aquém do que alcancei e vivenciei. Deus quis e sempre quer para nós muito mais do que nossos sonhos mais ousados podem imaginar. Minha atitude é administrar o que tenho: meu corpo, minha capacidade cognitiva, meu saber, minha energia, meus bens, meus relacionamentos. Eles foram dados a mim para que eu possa expressar, por meio do que com eles fizer, no melhor da minha capacidade, a glória de Deus. A recriação de si que cada um de nós for capaz de fazer com o que lhe foi dado, nesta Vida, é o presente que devolvemos ao universo.

Afirmações para o sucesso:

Sou capaz de surpreender os outros e de superar suas expectativas com um desempenho inspirador.

Desfruto com alegria e deleite de um trabalho benfeito.

O Universo se deleita com o meu sucesso.

Todas as coisas funcionam para meu bem maior.

O Desapego

O desapego nasce da consciência do amor e é construído na convicção de que somos filhos de um pai muito rico: este Universo infinito que nos gerou. Se somos dele e nele vivemos, então como podemos dizer que algo não nos pertence? Como podemos dizer que o que me pertence não pertence também ao meu irmão, que também é filho do mesmo pai? Se tudo de meu que foi criado está lá para mim, para eu construir minha vida, como posso temer perder o que quer que seja? Se todos somos UM, para onde posso ir a fim de que eu não venha a mim?

Somos administradores, gestores dos recursos que temos na vida: saúde, energia, inteligência, criatividade, amor, tempo, sabedoria, bens materiais etc. Eles nos são dados para os gerirmos o melhor que pudermos. E nos pertencem, assim como pertencem ao Todo que, por nosso intermédio, se manifesta e opera. Então, somos gestores, não donos no sentido de que só pertence a nós. Nosso amor não apenas pertence a nós, como também a quem amamos. Nossa inteligência não só nos pertence, como também a quem aprende conosco. Nossa sabedoria não é só nossa, é também de quem se sente inspirado por ela a ir mais longe na vida. Nosso trabalho não é só nosso, é também da comunidade à qual servimos. Nosso dinheiro não é só nosso, é também de todas as vidas que ele ajuda a prosperar. Nada é apenas nosso. Nem nossa identidade, que está ciclicamente sendo atualizada numa consciência mais expandida de quem somos. Então, tudo nos pertence, mas nada possuímos. Devemos administrar da melhor forma possível o que nos foi dado, no tempo de que dispomos. Com essa consciência, podemos desfrutar verdadeiramente de quaisquer bens materiais sem nos identificarmos com o que temos, mas sim com o que somos. Assim, as bênçãos serão verdadeiramente integrais, completas, e nossa felicidade sempre nascerá a partir de nós, não de fora.

Uma das chaves para a manifestação dos desejos do nosso coração é, para além do que já foi referido anteriormente: desapego da preocupação com o "*como*" aquilo vai acontecer. O *como* pertence à criatividade universal, que orquestra à perfeição as sincronicidades de acordo com aquilo que somos *capazes* de receber (com nossa vibração pessoal). Então, tendemos a receber o que queremos quando estamos num estado de maiores receptividade e harmonia interiores. Trabalhe com seus projetos e sonhos, faça afirmações e visualizações e conclua sempre com uma meditação que promova cada vez mais o sentimento interno de já ter tudo dentro de si mesmo. É esse sentimento que magnetiza seus sonhos. Se você fizer afirmações várias vezes ao dia, mas passar o resto do tempo preocupado, amargo, tenso, se perguntando: nunca mais? Será que isso funciona?, o que você pensa que vai atrair rapidamente para si?

Afirmação:

Hoje sou um mulher/homem nova/o, e novas possibilidades e um futuro radioso se abrem para mim.

A Lei do Agora

O tempo não existe; essa ideia é uma convenção, um acordo social. Passado e futuro só são realidade em nossas construções mentais. Na verdade, só temos o agora. Quando retemos remorso ou mágoa por algo ocorrido no passado, mantemos a ocorrência viva por meio de imagens e sentimentos que evocamos. Quando estamos ansiosos em relação ao futuro, mantemos a ânsia viva por meio de imagens que visualizamos na mente. Quando praticamos que recordar o aqui e agora é tudo que temos, nosso presente melhora. O único momento que temos é o agora. É nele que criamos. As consequências dos atos passados são geridas pelas Leis do Carma e do Dharma. O futuro é construído a partir dos pensamentos de hoje, encobertos pela emoção e conduzidos pela ação. Evoluir espiritualmente também significa aprendermos a perceber o sentido de ordem e a perfeição inerentes ao momento presente.

O poder do agora — aprendamos a trazer para o agora nossos sonhos e nosso coração. É preciso que pensemos coisas novas para que possamos magnetizá-las. Semelhante atrai semelhante, e precisamos deixar de nos identificar com o negativo, com aquilo que nos disseram que éramos, com as expectativas dos outros sobre nós, e construir nossa vida de acordo com nosso merecimento — a perfeição de uma vida abundante! É preciso que deixemos de nos identificar com o passado — o que não significa deixarmos de ter uma história. Significa a criação permanente da nossa história, sabendo que somos esse poder amoroso de transformação.

A Lei da Flexibilidade e da Polaridade

A maneira mais rápida de evoluir é dizendo sim à Vida, porque estaremos aplicando a Lei da Flexibilidade. Fluir com a Vida, não oferecer resistência a ela, produz uma verdadeira transformação interior que, por sua vez, abre as portas para as bênçãos. Todos os dias podemos escolher resistir ou aceitar aprender com a vida.

A Lei da Flexibilidade

Esta lei implica a aceitação pragmática do momento presente. Aceitamos a nós, aos outros e às circunstâncias como se apresentam, em vez de manifestarmos rígida resistência a todos. Isso requer um estado de consciência alerta e expansivo, além da capacidade de abraçar o agora fazendo uso construtivo do momento. De acordo com esse estado de consciência, as pedras no caminho se transformam em degraus, e os problemas, em oportunidades. Tudo atende o nosso bem maior se fizermos bom uso de tudo.

De acordo com o *Um curso em milagres*, cada escolha que fazemos na vida é uma escolha entre o milagre ou a dor/remorso/amargura. Liberte-se da dor, do remorso e da amargura, e escolha o milagre.

Sucesso é ter uma vida miraculosa.
Deepak Chopra

Afirmações para a excelência

Sou merecedor de planejar minha vida.

Mereço dar atenção aos detalhes nos meus projetos.

Adoro organizar minhas atividades diariamente.

Estabeleço agora na minha vida as prioridades perfeitas e mereço cumpri-las com satisfação.

Mereço me entusiasmar com meus sonhos.

Mereço trabalhar diariamente em prol dos meus objetivos.

Eu não podia falar da Lei da Atração sem focar a Lei da Polaridade. O conhecimento e a aplicação de ambas são vitais para a maestria da Vida e a manifestação da, para nossa excelência e felicidade. Com a Lei da Atração, aprendemos sobre a responsabilidade de cocriar nosso mundo. Com a Lei da Polaridade, aprendemos que este processo se dá por meio do alcance gradual de novas sínteses mais luminosas, entre pares de opostos e complementares. Por exemplo, se quero ser mais corajoso, terei de reconhecer e integrar o covarde dentro de mim; se quero ser mais sábio, devo assumir minha ignorância; se quero mais atividade e exteriorização, tenho de viver períodos de interiorização e recolhimento; se quero ensinar muito, tenho de praticar bastante o silêncio; se quero ser preenchido, tenho de fazer o vazio em mim.

A Lei da Polaridade

Tudo é dual na dimensão em que vivemos. Tudo tem seu oposto-complementar. Os opostos são idênticos em natureza, mas diferentes em grau. Todos os paradoxos são reconciliáveis. Tudo tem sua polaridade; tudo o que É tem o seu duplo: positivo e negativo, luz e trevas, mortalidade e imortalidade, feminino e masculino, sol e lua etc.

No nível físico, da matéria, os opostos se atraem e os semelhantes se repelem:

- Nos ímas: a atração entre os polos norte e sul.
- Na eletricidade: ter carga elétrica é uma propriedade da matéria. Os átomos têm no seu núcleo os prótons cuja carga elétrica é positiva, e, em seu redor, orbitando, uma nuvem de elétrons de carga elétrica negativa. Em função das polaridades opostas, foram atribuídos sinais positivo e negativo às cargas elétricas. As que têm o mesmo sinal de polarização se repelem, enquanto as de sinal diferente se atraem.

Os conceitos *Yin* e *Yang* estão presentes na mitogênese chinesa da criação da Terra e da humanidade: o princípio do *Yin* e do *Yang*, os elementos masculino e feminino da Natureza — é o básico de todo o Universo. É o princípio de tudo que existe na Criação. Todas as formas de energia têm essas duas polaridades, opostas e complementares. Uma contém a outra e, quando uma chega a um limite de manifestação, se transforma na outra, seu oposto complementar. Algumas características de ambas:

Yin	*Yang*
Escuridão	Luz
Alto	Baixo
Noite	Dia
Suave	Duro
Frágil	Forte
Úmido	Seco
Quente	Frio
Pequeno	Grande

No nível da consciência, inversamente, semelhante atrai semelhante de acordo com um antigo princípio espiritual. Esse princípio fundamental opera na Lei da Atração.

Somos consciência num universo consciente. Somos pensamento num universo pensante. E o pensamento tem o poder de cocriar nossa realidade.

Os semelhantes exercem mútua atração entre si. Rejeitamos ou aceitamos o mundo exterior de acordo com nossa própria condição e nosso próprio diálogo interno (pensamentos). Se me sinto bem e em paz, tenderei a assimilar influências externas harmoniosas; tenderei a ser atraído por pessoas harmoniosas. Quem preza e busca a paz interior não vai procurar um professor de guerra para ajudá-lo em sua demanda, porque semelhante atrai semelhante. Quanto mais mantemos a paz nos nossos pensamentos, mais paz conseguiremos receber da vida. Isso não quer dizer que não surgirão desafios, mas que estes serão entendidos como uma oportunidade para ir além da aparência da situação e de aprender sobre uma paz ainda mais profunda. Quando vamos mais a fundo, e caso deixemos lá nesse buraco o peso de bagagens das quais não precisamos mais (como rancor, amargura, medo etc.), temos depois a oportunidade de subir mais alto do que alguma vez já tenhamos conseguido.

Se eu estiver ressentido, preso à mágoa ou à vingança, minha mente, sintonizada com essas vibrações mais baixas e densas, assimila mais pensamentos de medo, tristeza e inquietação.

Observe alguém que esteja sempre carrancudo, zangado ou amedrontado. Onde habitam a harmonia e a paz na vida dessa pessoa? E você, quais são as pessoas que mais admira? Que qualidades elas têm? Você consegue identificar essas qualidades em si mesmo? Se ainda não consegue, saiba que elas estão aí, para que você as desenvolva e traga à luz. É esse o papel dos mestres: eles nos inspiram a descobrir a nossa maestria interior.

Semelhante atrai semelhante. No nível da consciência, atraímos o que somos ou, melhor dizendo, o que acreditamos ser (conscientе e inconscientemente). Os traços de personalidade começaram sendo crenças (informações genéticas e/ou aculturadas) que, por força de acreditarmos por tanto tempo nelas, se transformaram em caráter. Mas as crenças mudam, porque somos seres conscientes e inteligentes. Portanto, se não gostamos do que estamos atraindo para a nossa vida, investiguemos onde estão nossas crenças deturpadas, redutoras e deficientes, e, com amor e sabedoria, transformemo-las gradualmente em convicções que nos apoiem, construam, edifiquem e iluminem.

Crescemos onde depositamos energia.

Que aspectos próprios você quer desenvolver? Que talentos quer manifestar? Que frutos quer colher na sua vida? Invista sua energia, seu foco e sua escolha neles.

Os dois lobos

Um velho índio norte-americano conversa com seu neto. Ele diz ao menino que há dois lobos dentro dele, um lutando com o outro. O primeiro é o lobo da paz, do amor e da harmonia. O segundo é o lobo do medo, da ganância e do ódio. "Qual deles vai vencer, vovô?", pergunta a criança. O avô responde: "Aquele que eu alimentar."

Aceitar a Vida para Cocriar nossos Sonhos

Só o tempo o dirá...

Um homem muito rico deixou suas terras de herança para os filhos. Todos eles receberam terras férteis, exceto o mais novo, que ficou com um charco inútil para a agricultura. Seus amigos, entristecidos, lamentaram a injustiça sofrida por ele. Mas ele só lhes disse uma coisa: "Se isto é bom ou mau, só o futuro dirá."

No ano seguinte, uma seca impiedosa se abateu sobre o país, e as terras dos seus irmãos foram devastadas: as fontes secaram, os pastos queimaram e o gado morreu. Mas o charco do irmão mais novo se transformou num oásis fértil e belo. Ele enriqueceu e comprou um lindo cavalo branco por um preço elevado. Seus amigos, felizes, organizaram uma festa celebrando a sua "sorte". Mas dele só ouviram uma coisa: "Se é sorte ou azar, só o futuro dirá."

Poucos dias depois, o cavalo fugiu, desaparecendo na floresta. Seus amigos, aborrecidos, logo disseram: "Mas

> que azar, um cavalo tão caro." Ele respondeu: "Se é azar ou sorte, só o futuro dirá."
>
> Passados sete dias, o cavalo regressou do bosque trazendo consigo dez magníficos cavalos selvagens. Os amigos vieram para celebrar essa nova riqueza, mas o que ouviram foram as palavras de sempre: "Se é bom ou mau, ninguém sabe."
>
> No dia seguinte, seu filho imprudentemente montou um dos cavalos selvagens. O cavalo o lançou ao chão, e ele fraturou uma perna. Voltaram os amigos para lamentar o azar. "Se foi azar ou sorte, só o futuro o dirá", repetiu o herdeiro.
>
> Passados poucos dias, chegaram à sua aldeia os soldados do rei para levar os jovens para a guerra que o país travava. Todos os rapazes tiveram de partir, menos seu filho, porque estava com uma perna quebrada. Os amigos festejaram sua sorte. O pai assistiu a tudo e só disse uma coisa: "Quem saberá a sorte que resulta do azar e o azar que resulta de uma sorte?"

A vida se desdobra em etapas e novas etapas. Porque a mais recente poderia ser pior ou melhor, uma vez que os frutos que uma e outra dão se entretecem de tal forma que, por vezes, há males que vêm para o bem e bens que originam circunstâncias difíceis.

Conta-se que Carl G. Jung, quando um amigo vinha dar uma boa notícia a ele, respondia: "Lamento, mas sei que você superará isso"; inversamente, quando outro ia comunicar algo difícil, ele retrucava, entusiasmado: "Vamos celebrar com uma taça de vinho a boa oportunidade que virá para você." Ele era um sábio conhecedor da Lei da Polaridade.

A Vida é mais real quando é vivida na sua totalidade. *Yin* gera *Yang*, como a noite engendra o dia e o Inverno, a Primavera. Ambos fazem a unidade da Vida, tanto na natureza como nos nossos relacionamentos quando a bonança se segue à tempestade. Mais adiante, no capítulo sobre a "Alquimia da Felicidade", desenvolverei esse tema das diversas fases dos processos psicológicos por que passamos.

Poder Interior

Aquele que conhece os homens é inteligente.
Aquele que conhece a si mesmo é iluminado.
Aquele que vence os homens é forte.
Aquele que conquista a si mesmo é verdadeiramente poderoso.

Tao Te King

O Sonho Comanda a Vida

O poder verdadeiro, o poder do eu, é permanente porque se baseia no conhecimento profundo de quem nós somos, nessa identificação com a imanência divina. Esse poder atrai, magnetiza as circunstâncias que desejamos para nós. É o poder de atração do Amor Universal que, para além de qualquer sentimento, é uma Verdade, A Verdade. Somos pura energia vibrando em frequências distintas. Quanto mais sutil e acelerada nossa frequência vibratória, mais identificados com a Luz, mais centrados e magnéticos somos; por conseguinte, mais poderosos.

O estado mais magnético, que tem poder de tudo atrair para nós, é esse estado de graça, da harmonia essencial que devemos aprender a cultivar diariamente. Essa harmonia é quase sempre reforçada pelo sentido de missão, pela clareza sobre qual é nosso propósito na vida. Como podemos criar se não temos um sonho? Como podemos atrair se dentro de nós houver um vazio de inspiração?

O SONHO

Pelo sonho é que vamos,
Comovidos e mudos.

Chegamos? Não chegamos?
Haja ou não frutos,
Pelo Sonho é que vamos.
Basta a fé no que temos.
Basta a esperança naquilo
Que talvez não teremos.
Basta que demos, a alma
Com a mesma alegria, ao que é do dia a dia.
Chegamos? Não chegamos?
Partimos. Vamos. Somos.

Sebastião da Gama, *Pelo sonho é que vamos*

Se nascemos para desfrutar da abundância da vida e cocriamos nossa realidade com ela, é importante refletirmos sobre aquilo que queremos criar conscientemente. Estima-se que cerca de 95 por cento do que criamos é de forma inconsciente, ou seja, a partir dos nossos padrões de resposta automatizados, pensamentos e hábitos recorrentes. Por isso boa parte do resultado do que criamos assim não nos agrada.

É importante sonhar com o sucesso, a abundância financeira, o reconhecimento, a sabedoria, o amor partilhado, novas e maravilhosas oportunidades criativas; mas saiba que, para construir seu sonho, não é necessário nem desejável que você negue uma parte de si, que você adoeça, que se envergonhe de si, que não dê o seu melhor, que se sinta encurralado ou à mercê do poder de terceiros. Atraímos para nós o que precisamos para levar a termo uma aprendizagem particular em dado momento de nossa vida. As experiências que temos não acontecem aos outros porque são direcionadas especificamente a *nós.* Pertencem a nós tanto quanto nosso tom de pele ou o timbre da nossa voz.

Eu me focalizo facilmente nos meus sonhos

Essa é uma excelente afirmação, uma vez que sinto muitas vezes que é mais fácil focar nos ressentimentos, me ocupar com as desconsiderações alheias — e até com o que os outros conseguem — do que focar em mim mesmo e em meus objetivos. Cresço onde ponho minha energia e minha atenção.

Nossos sonhos são instrumentos da criação, mensageiros da nossa mais profunda verdade interior e combustível da existência. Não são um teste nem algo que temos de *provar*, seja lá a quem for. A semente sonha se transformar em árvore? Ela não vira uma árvore *provando* que pode chegar lá. Ela chega lá pela profunda aceitação de si e do seu *dharma*: aceita germinar a mudança no mais fundo de si, aceita romper a casca e expandir-se pela terra fértil de nutrientes-experiência dos primeiros tempos de vida. Aceita receber nutrição do solo, do ar e da água, aceita fazer a experiência de existir em relação com o seu meio, aceita colaborar com a potência evolutiva da vida. Aceita aprofundar suas raízes, reforçar seu núcleo e expandir seus ramos sem receio de que seu crescimento faça sombra a outra árvore vizinha. Para a árvore, evoluir e frutificar certamente é tão natural quanto respirar, não é preciso esforço. Uma árvore não precisa provar que é ela mesma; ela é fiel à sua natureza essencial, e todos veem que é uma árvore. Aceita ser ninho de animais, solo de outras plantas, sombra e frescor para todos. Aceita vivificar, inspirar e se doar à sua comunidade. Aceita se transformar a cada estação, tão graciosa e sabiamente que ela é o próprio símbolo das estações. Que maravilha quando aceitamos nos tornar o próprio símbolo da Vida em nós! Quando não temos medo de viver o fogo de todos os começos primaveris da nossa vida, quando aceitamos os resultados e as consequências da nossa ação individual e recolhemos no estio os frutos da nossa criatividade. Parece que temos algo a aprender com as árvores...

Madre Teresa de Calcutá, Mahatma Gandhi, Martin Luther King, todos eles tinham um sonho, uma visão e uma missão à qual devotaram a vida.

E você? Qual é sua missão na vida? Não importa qual é seu sonho, nem seu tamanho, nem sua cor, nem seu porquê, nem sua dificuldade ou facilidade, nem sua pertinência, nem seu cabimento, nem sua ousadia ou se humildade. Entregue-se a essa missão com amor e alegria, pois ela acrescentará um profundo sentido à sua vida.

- *Mantenha seus pensamentos positivos, porque seus pensamentos se tornam suas palavras.*
- *Mantenha suas palavras positivas, porque suas palavras se tornam suas atitudes.*
- *Mantenha suas atitudes positivas, porque suas atitudes se tornam seus hábitos.*
- *Mantenha seus hábitos positivos, porque seus hábitos se tornam seus valores.*

- *Mantenha seus valores positivos, porque seus valores se tornam seu destino.*

Mahatma Ghandi

O sonho comanda a vida. É preciso ousar o sonho, é preciso haver alguém que ouse sonhar numa família, numa empresa, num grupo de amigos. O sonho é o desejo divino em nós em busca de autorrealização por meio do cumprimento do nosso potencial. E o sonho realizado é o desfrute divino, o prazer e o agradecimento da Vida pelo fato de termos nos excedido, de termos acreditado, de termos aderido ao movimento, honrando, assim, os princípios fundamentais dessa mesma vida — fluidez, movimento, energia/recursos, criação permanente e transformação.

O verdadeiro poder vem das escolhas que fazemos — e essas escolhas dependem de quem pensamos que somos. Se não ocupar o próprio espaço — primeiro em termos físicos, se não cuidar do corpo físico, vem a doença; depois, na sua vida afetiva, financeira etc; e depois na sociedade. Se não *correr o risco* de perseguir seus sonhos, correrá o risco de viver o sonho de outra pessoa qualquer.

O medo

No momento de construirmos nossos sonhos e concretizarmos nossos desejos, frequentemente surgem muitas dúvidas: e se este desejo não for o melhor para mim? E se este sonho resultar em algo prejudicial para mim? É legítimo desejar isto? Tem a ver com minha necessidade de reconhecimento, e não com algo que verdadeiramente me dá prazer?

Uma das formas que podem ser úteis para nos ajudar a perceber se um desejo nosso é uma expectativa negativa, uma fantasia sobre algo que gostaríamos de ver acontecer ou de ter na nossa vida, um sonho que realmente tem a ver conosco, com a pessoa que realmente somos e com nossos talentos únicos e nossa forma específica e particular de autoexpressão criativa é:

- A expectativa negativa nasce sempre, em última análise, do medo — medo de não ser capaz de, sozinha, por meus próprios méritos, ser bem-sucedida e reconhecida profissionalmente, por exemplo.

Helena é uma das psicólogas mais inteligentes, multifacetadas, competentes e exigentes e talentosas que conheço. No entanto, uma insistente e antiga falta de autoconfiança a faz, com frequência, procurar "mentores" que, do lado de fora, assegurem o valor dela e que sejam garantia de uma vida profissional desafogada, como se eles fossem os certificados de garantia para seu êxito profissional. O que sempre acabava acontecendo é que ela projetava essas suas expectativas nos mentores, esperando que eles abrissem por ela o caminho rumo a novas oportunidades de trabalho, uma vez que seu medo maior era o de não ser capaz de se afirmar sozinha no mercado de trabalho, de se expor e de revelar o que tinha para oferecer.

O que sempre acabava sucedendo é que ela colocava a si mesma em relações desiguais, nas quais era a menor que obedecia explícita ou implicitamente às diretrizes de seus mentores. Estes passavam muitas vezes por cima do seu sentido de justiça, dignidade, ética e solidariedade. Ela começou a se dar conta de que, por razões ligadas ao status dos seus mentores e à hipotética ajuda que poderiam lhe dar em sua própria carreira, ela sempre abdicava de algo muito importante, como, por exemplo, de pensar com a própria cabeça, evitando ser manipulada e invalidada em suas opiniões e sentimentos, deixando de ser excluída se não aceitasse as regras do jogo. Percebeu também que, por mais que tentasse aceitar as regras do jogo, o que os outros lhe davam em troca nunca correspondia às suas expectativas reais, pois estavam muito mais preocupados em manter o *status quo* do que em recrutar colaboradores que, embora elementos valiosos na equipe, pusessem muitas coisas em causa. Estavam muito mais interessados em guardar as oportunidades para si mesmos ou oferecê-las como moeda de troca, em que o preço a pagar era demasiadamente alto: o preço de sua integridade como profissional e de sua autoestima como pessoa.

Quando Helena percebeu que estava abdicando do seu poder de se assumir por medo do fracasso, da exposição, de não ser adequada e de não ter o que é preciso para vencer, começou a cortar os cordões umbilicais que a ligavam às pessoas com quem não mantinha uma relação verdadeiramente igualitária e de mútua reciprocidade, passando a se assumir mais no mundo. Escreveu cartas ou teve conversas com seus mentores em que disse o que sentia e encerrou esse capítulo sem mágoas nem palavras a serem ditas. Abriu um consultório, apostou no marketing, passou a ser mais seletiva em suas parcerias, transmitiu a palavra, desenvolveu alguns cursos inovadores em áreas de sua predileção e, gradualmente, as oportunidades começaram a surgir. Nesse processo, seu prazer por se sentir autônoma cresceu enormemente, dependendo sobretudo de seus muitos recursos, por acreditar em si mesma para construir as oportunidades que tanto desejava! Começou a ter seus primeiros clientes, a ser convidada para dar palestras e para escrever. Inscreveu-se num curso novo e valorizou continuamente seu currículo, deixando excelente impressão por onde passava. Ousou sonhar, talvez pela primeira vez. Hoje é uma profissional ocupada, que continua a aprender, dá consultas particulares e é consultora de empresas em sua área específica.

A expectativa negativa é sempre redutora e resulta inúmeras vezes numa situação de desigualdade, desequilíbrio e numa angustiante incerteza. Ela nasce do medo de não ser feliz se não tiver uma casa com piscina, de não ter segurança material se ousar me divorciar, de não ser feliz se não conseguir aquele homem, de não ser amada se não perder peso, de não ser aceita como sou se disser aquilo que penso no meu grupo de amigos... Por conta desses medos, aceitamos a mediocridade, a menos-valia, o assim-assim, o menos mau, sem saber que, se não estamos dando nosso melhor à vida, nunca teremos dela seu melhor. Também tenho verificado que, quando as expectativas são negativas, sempre são atraídas resistências de nosso próprio inconsciente, ou seja, aquilo que penso que quero é algo que me divide, que tira energia de mim, me acrescenta intranquilidade, sem saber muitas vezes a razão disso.

Por outro lado, o sonho é algo que nos entusiasma sempre que pensamos nele; é algo que nos acrescenta energia, nos motiva e inspira e faz vir naturalmente o melhor em nós. O sonho que verdadeiramente honrar nosso projeto de vida sempre atrai para nós os recursos, as pessoas, as situações de que necessitamos para que ele se cumpra. Cumprir nossos sonhos nem sempre significa que a vida passa a ser fácil e que não tenho de me trabalhar e me exceder; pelo contrário. O sonho que está destinado para nós e que enche de realização nosso ser é aquele que, a maior parte das vezes, mais nos desafia. Desafia-nos a pôr em prática tudo o que aprendemos até então, sobre nós e sobre a vida. Desafia nossos limites e nossas crenças para nos excedermos e superarmos. Desafia-nos a dar um salto no desconhecido e a acreditar que não vamos cair no abismo. Ouse sonhar, pois sonhar é viver.

Exercício com os sonhos

Depois de um sonho que nos tenha perturbado, por exemplo com um ladrão que invade nossa residência ou com um perseguidor, podemos fazer um exercício poderoso de sonhar acordado, com a finalidade de interagir deliberadamente com o inconsciente. Logo em seguida ao sonho e quando acordar, volte a seu ambiente e pergunte ao agressor o que ele quer de você e escute. Inicie um diálogo com ele e aprenda sobre o que essa parte do seu inconsciente tenta dizer a você, para torná-lo mais inteiro e estimular o processo de evolução. Você poderá ficar surpreso com os resultados. Leve em consideração, para além das palavras que lhe forem reveladas nesse sonho acordado, as sensações, as impressões e os símbolos que surgirem. Mesmo que não tenha experiência com interpretação de sonhos, esse é um ótimo exercício para quem está num processo de autodescoberta e também enriquecedor da introspecção, do aprofundamento e da expansão da consciência de si.

Cada um de nós é portador, em sua biologia e em sua consciência, de todo o processo evolutivo da humanidade e do universo. Por isso, nossa responsabilidade na passagem do testemunho dessa história cósmica é expressar autenticidade como seres humanos. Ser autêntico é desenvolver nosso potencial criativo. Você tem algum talento singular e uma maneira única de expressá-lo. Há alguma coisa que só você pode dar à humanidade. Deixar de fazê-lo, por qualquer razão que seja, é uma das maiores infidelidades à Vida. Um dos atributos da Vida é a suma criatividade e a capacidade de evoluir por saltos quânticos — como as novas espécies que surgem sem relação sequencial com as anteriores, ou as novas soluções que a humanidade arranja, sem relação alguma com os paradigmas anteriores). Se nossa vida não for uma revelação dessa criatividade (ou seja, se não formos cada vez mais quem nascemos para vir a ser), estaremos guardando a divina criatividade em nós. E isso significa travar o desfrute do universo. É como se houvesse uma transgressão da ordem, e, como qualquer transgressão, pagamos um preço. O preço de nos sabermos aquém do nosso potencial, em tudo: de sermos amados, de amarmos, de sermos mais realizados profissionalmente, de termos mais sabedoria e paz interior, de sermos cocriadores da nossa vida.

Não podemos esquecer que a vida tem um currículo para nós, e que ele implica, por vezes, que realizemos um desejo para, em seguida, percebermos que o que aconteceu era nada daquilo que queríamos para nós ou que não atendemos uma expectativa e acabamos agradecendo porque foi o melhor que podia ter nos acontecido. Comumente essa situação acontece quando nossos desejos não estão alinhados com as leis universais e, consequentemente, com nosso próprio *dharma*. Assim, vamos sempre nos conhecendo melhor e, sobretudo, reconhecendo passo a passo nossa magnificência, verdadeiros poder e essência.

Somos, em essência, consciência pura. Quando reconhecemos nossa verdadeira natureza e sabemos quem de fato somos, nos tornamos capazes de realizar nossos sonhos, porque sabemos que somos a possibilidade eterna, o potencial de tudo que foi, é e será. Quando nosso ponto de referência é nossa alma e nos identificamos com ela, experimentamos o poder do Eu, deixamos de ter necessidade compulsiva de aprovação dos outros, de controlar e de lutar pelo poder externo. A alma é livre, imune às críticas e à lisonja, não teme desafios e não se sente superior nem inferior a ninguém. Quando nosso ponto de referência é o ego ou a máscara social que colocamos, nos sentimos poderosos se tivermos coisas externas — títulos, reconhecimentos, posses —, e, quando essas coisas desaparecem, ficamos sem poder, desesperados e vazios.

Sou Merecedor só Porque Existo

Num workshop para professores em que fui convidada a dar uma palestra sobre a *"Criança interior e os relacionamentos na sala de aula"*, falei, a certa altura, do conceito de merecimento tal como o vejo, propondo à audiência a seguinte afirmação: *Sou merecedor de uma vida plena e abundante só porque existo.* Ao final dos trabalhos, uma professora veio até mim visivelmente incomodada com minha proposta, me perguntando se não era perigoso afirmar isso, uma vez que para ela essa afirmação nos desresponsabiliza enquanto professores. Para ela, significava "não tenho de fazer nada para merecer reconhecimento e aceitação. Posso baixar os braços e ser desleixada, porque, de qualquer forma, sou sempre merecedor", dizia ela.

Sua autoestima era tão baixa por conta das críticas sofridas na infância que ela sentia profundas aversão e desconfiança diante de outra ideia de valor próprio que não incluísse trabalho duro, oposição dos outros e dificuldades sem-fim. Perante uma crítica tão áspera de sua sofrida criança interior — que não conseguiria receber nada que não encaixasse em seu antigo paradigma do esforço, da desconfiança e da dificuldade em receber amor — optei por lhe dizer, simplesmente, com foco no coração, que sempre podemos ampliar nosso entendimento da vida e nos permitir explorar novas ideias, por muito diferentes que nos pareçam. Podemos sempre nos dar a oportunidade de renovar valores e repensar a relação com nós mesmos. Nunca refutei seu mapa do mundo, ou seja, as lentes com as quais ela interpretava a própria realidade, pois só atrairia maior resistência de sua parte. Mesmo assim, convidei-a a explorar o universo extraordinário de suas emoções, de seus pensamentos, de sua criança interior. Levantei a ponta do véu que separa um paradigma do outro e esperei tê-la inspirado, em níveis subconscientes, a uma renovação de vida. No seu julgamento ressentido, ela fora porta-voz de toda uma educação e cultura baseadas no medo, na culpa e nas cobranças emocionais. Por trás da frieza e da agressão, vi sua criança magoada pedindo amor.

As pessoas estão dando ou pedindo amor.

Um curso em milagres

Quem ainda não sente, no mais fundo da alma, que é merecedor só por existir (por essas ou outras palavras), dificilmente se permitirá sonhar, ou então perseguirá o sonho como um substituto para um amor que não vive, um vazio que não preenche ou uma dor sem nome que não sabe de onde vem, nem que anseios esconde.

Não temos de provar que somos merecedores de um sonho; não é assim que o sonho aparece em nossa vida. Ou tenho um sonho, ou não tenho. Para mim, o sonho é o instrumento que a essência que todos nós partilhamos usa para nos levar à excelência, à pessoa que nascemos para vir a ser. Porém, a excelência real não é motivada pelo esforço, mas sim pela paixão! *Sou merecedor de viver plenamente o meu sonho só porque existo.* Como é? Afinal, quem penso que sou para ser tão fantástico? Quem você pensa que é, para não sê-lo (pergunto eu)? Precisamos não ter mais velha mentalidade que está sempre julgando a si mesma e aos outros por meio do que realiza, do quanto realiza ou de como realiza as coisas. Esse tipo de mentalidade falsamente moralista se alastra insidiosamente em todas as áreas da vida e, em última análise, legitima e permite todo tipo de manipulações, relações invasivas, desiguais e redutoras, pois, nesse antigo paradigma, só sou merecedor de uma boa relação se fizer isso ou aquilo; só sou merecedor de prosperidade se fizer sacrifícios etc.

Na verdade, é perigoso não acreditar que sou merecedor só porque existo, uma vez que isso significa que não me sinto merecedor tal como sou. Sinto que tenho de estar sempre provando algo a alguém e a mim mesmo. *Sou merecedor só porque existo* significa que finalmente percebi e interiorizei que nada do que eu pretenda fazer para evitar ter de encarar meu vazio e a falta de amor interiores vai adiantar; significa que nenhuma validação ou aprovação que venham do exterior — porque sou uma boa mãe/pessoa/profissional — terá um efeito duradouro e verdadeiramente nutridor dentro de mim se eu não tiver integrado essa consciência de que sou merecedor só por existir. Essa afirmação interiorizada nos devolve a preciosa liberdade de escolha; escolho até onde quero ir e o grau de excelência que quero manifestar na minha vida e, agora, posso chegar lá de verdade, porque não estou mais limitado pela antiga crença de que só sou merecedor se houver provas disso. As pessoas que realizam seus sonhos não chegam lá por sentirem que têm de provar que têm um sonho ou que estão à altura de um sonho. Elas chegam lá, em primeiro lugar, porque o delicioso sabor do sonho as conduziu, como um doce arrepio ou a antecipação de um maravilhoso desfrute; porque absorveram o sonho dentro de si e permitiram que ele se desenvolvesse no próprio ser, e aí fizesse seu caminho e sua morada.

Sou Perfeito Exatamente como Sou

Numa formação que faço anualmente para certificar Facilitadores do Método Louise Hay, uma das participantes me perguntou se o método era composto por técnicas, pois a técnica era muito importante. Ela tinha de se sentir preparada para antecipar as questões dos futuros participantes e mantinha uma postura muito defensiva, estando francamente preocupada com os aspectos formais do trabalho: como colocar a voz, como gerir a dinâmica de grupo etc. Por trás de suas palavras, senti muito medo de não corresponder às expectativas dela. Ela era uma pessoa particularmente criativa, mas demasiadamente perfeccionista para seu próprio bem, uma vez que nunca se sentia suficientemente boa nem preparada; não conseguia perceber a própria excelência nem desfrutar dela. Por isso a crítica externa que fazia aos outros era um reflexo claro da crítica interior que a corroía. Mas suas perguntas foram extremamente úteis para que eu partilhasse com o restante do grupo minha própria descoberta do que significa: "Sou perfeita exatamente como sou." Se sei que há tanto para melhorar em mim, como posso afirmar crer nisso?

Hoje, passados oito anos de trabalho com milhares de pessoas em Astrologia, Aconselhamento, Formação e Coordenação de grupos, estou muito mais consciente do que quando comecei; me preparei mais, tenho mais treino e mais prática. É verdade. Mas não posso dizer que ajudo mais as pessoas hoje do que ajudava há oito anos. Hoje, como quando comecei, as pessoas que vêm até mim são atraídas pelo que eu, neste momento, tenho para lhes dar. Hoje toco o coração de pessoas que inspiro exatamente como inspirei pessoas há oito anos, quando era mais inexperiente e insegura com meus grupos e clientes. No passado, muitas pessoas sentiram meu trabalho profundamente, tal como hoje muitas pessoas o sentem. É simplesmente um trabalho mais consciente. Essa é a principal diferença. Atualmente, há mais pessoas que me conhecem, mas elas passam por processos de transformação hoje, como o faziam há anos, quando iniciei meu trabalho. Melhorar e apurar a técnica me deu mais responsabilidade, mas não mudou em nada a essência do que faço. Então, é isso que significa que sou, aqui e agora, "perfeita, plena e completa e que tudo vai bem no meu mundo".

Entender isso do fundo do coração foi algo fantástico para mim! Há uma perfeição inerente a cada instante, e hoje, quando ajudo alguém a se transcender, não sou mais perfeita do que quando fazia o mesmo há oito anos. Foi assim que percebi o conceito de perfeição inerente a tudo o que É, no aqui e no agora. Por isso tudo é perfeito, e não existem escolhas certas ou erradas, do ponto de vista da eternidade. Todas as nossas escolhas nos devolvem às experiências, que são exatamente aquelas de que precisamos naquele momento, e o universo se adapta a todas as nossas escolhas. Ele não nos diz: ai, que saco, você escolheu o caminho errado; agora não há mais salvação, você nunca poder recolherá um benefício dessa escolha e não vai poder aprender mais nada, porque por esse caminho não há lições a serem integradas. Não, o universo também não nos diz: ah, porque você fez essa escolha, agora nunca mais viverá um desafio, uma contrariedade, uma dúvida, um problema que o ajude a crescer. Isso é impossível, porque todas as escolhas conduzem a caminhos com apoios e com desafios, que são bênçãos veladas. Todas as escolhas nos conduzem à aprendizagem que necessitamos viver para transcender e atingir a iluminação, iluminando os outros no processo. Por isso não há escolhas que nos trarão uma segurança eterna ou escolhas irremediavelmente erradas, uma vez que a vida se adapta e se organiza para nos devolver aquilo que nela colocamos. E essa dinâmica não pode falhar, porque aquilo que damos à vida, a cada instante, somos nós mesmos, é parte de nós. Quando aceitamos isso, no mais fundo de nós, surgem imensas liberdade e pacificação, porque:

- Deixamos de querer mudar o mundo a todo custo.
- Deixamos de querer consertar os outros e poupá-los obsessivamente de experiências que, embora dolorosas, encerram novos tesouros de renovação e plenitude.
- Deixamos de culpar tudo e a todos pelo que nos acontece;
- Nossa gratidão aumenta progressivamente, consequentemente, nossa experiência de prosperidade integral de vida.
- Não podemos deixar de nos maravilhar com a perfeição indescritível do universo e do seu "modus operandi".
- Crescemos em sabedoria de vida, em paz interna e em poder interior, porque cresce nossa consciência do poder causativo que temos.

Somos feitos à imagem e semelhança desse mistério extraordinário que é o universo. O mistério de nós mesmos. Aquele mistério que tantas vezes sentimos presente em nós, mas que raramente confessamos aos outros. Somos parte desse poder e dessa glória, somos da mesma natureza do Amor. Segundo essa acepção, sempre fomos perfeitos e sempre seremos; não há nada que precisemos alterar.

A Lei da Perfeição

Há um aspecto daquilo a que chamamos evolução que não é contínuo, que °ão representa algo em que amanhã serei melhor que ontem, porque o hoje, o aqui e agora, é tão completo e perfeito quanto o será amanhã.

Hoje sou mais perfeita do que quando tinha 2 ou 7 anos? Então o que mudou nesse nível de ontem para hoje? Sinto-me mais perfeita e completa porque sei mais? Não. Quanto mais sei, mais perguntas surgem. As dúvidas de hoje são mais perfeitas do que as de ontem, só porque hoje tenho mais experiência do que ontem? Não; as dúvidas simplesmente são mais adequadas ao momento atual. São sempre as melhores para aquele momento presente. Então, é pura ilusão pensar que, nessa acepção, podemos ser melhores, ou seja: podemos expandir o conhecimento na vida, aprender a amar cada vez mais, a ter cada vez menos rancor e medo, a desfrutar de mais prosperidade etc. Mas nada disso significa que hoje sou melhor do que ontem. Sou, sobretudo, um ser mais consciente e responsável, porque o aumento de consciência traz mais responsabilidade. Cada nível de consciência é uma dimensão da vida em si mesma, e vamos transitando de dimensão em dimensão, nesse processo evolutivo de expansão de consciência. Na eterna e sempre fascinante perfeição da vida, de um universo com uma intenção inteligente subjacente a tudo que acontece, cada uma dessas dimensões é perfeita e se encaixa nas outras com rigor absoluto. Nenhuma dimensão é mais perfeita que a outra. Elas existem, coexistem, respiram em conjunto, mesmo que muitas vezes nos pareça que certas pessoas vivem em galáxias muito distantes de nossa "realidade pessoal".

Então, evoluir não é ser "melhor", no sentido em que habitualmente usamos a palavra (o sentido preferido do ego, que gosta de se comparar). É ser mais uno. Evoluo cada vez mais à medida que vou ficando mais capaz de perceber a perfeição nas circunstâncias cotidianas e de aceitá-las como parte de mim, como parte da minha perfeição divina. Então, mesmo que não entenda tudo que me acontece e suas respectivas causas, percebo que já não tenho de correr atrás de uma "evolução" porque tenho de ser mais perfeita. Uma coisa é melhorar meu conhecimento, apurar a técnica e aumentar a eficácia e a produtividade no meu trabalho e na minha vida. Outra é a ilusão de que sou mais perfeita do que o outro só porque sei mais, ou que o outro é mais perfeito do que eu por ser mais talentoso. A perfeição maior ocorre quando dou meu melhor à vida, ou seja, a maior perfeição não é ser o mais inteligente, o mais rico, o mais eficiente, o mais belo, o mais famoso. A maior perfeição acontece quando honro a excelência em mim, inerente à minha essência perene, e dou tudo que posso dar, sem reservas.

A Lei da Perfeição

Essa Lei postula a absoluta perfeição do desenrolar do nosso processo evolutivo. De um ponto de vista espiritual, todas as pessoas e coisas são incondicionalmente perfeitas. De um ponto de vista comum, a perfeição não existe. Quando temos uma perspectiva mais ampliada da Vida, compreendemos o nosso papel e nossa responsabilidade na ajuda para acrescentar ao mundo mais amor, dádiva e solidariedade. Quando vivemos à altura dessa responsabilidade, vamos nos expandindo na perfeição do nosso Eu superior.

Quando você fizer isso, terá aprendido verdadeiramente que é único e que a perfeição no universo ocorre quando você assume e aceita dar a perfeição de si mesmo, sua completa presença, sua completa atenção e seu completo Ser. Então, dá-se conta de que a perfeição esteve lá o tempo todo, em cada comentário, perda, dor, vitória, vazio, ganho, alto e baixo da vida. Percebe, finalmente, que tudo é perfeito, pleno e completo, ainda que no momento pareça insignificante, pequeno, menor ou insuficiente.

A "Crise" dos 40 Anos e o Voo da Águia

Quando fiz 40 anos, passei por uma grande transição de vida — é um dos conhecidos ciclos mais importantes da existência humana. Após um período de cinco anos de muita aprendizagem, muito trabalho, muitos contatos, muitas viagens, muita extroversão e muitas experiências no mundo, comecei a perder a motivação gradualmente, assim como a energia e a saúde. Tive um esgotamento, fiquei anêmica e surgiram problemas de tireoide. Na verdade, havia algum tempo que eu queria mesmo era ficar só, e não tinha forças para o mundo exterior. Sempre voltada para o fazer, percebi que aquela era uma oportunidade de ouro para que eu me ligasse mais a mim mesma internamente e ao meu coração. Dei início a um período longo de introspecção, silenciando gradativamente o ruído externo, e tive início um tempo de muitas e surpreendentes *introvisões* e revelações sobre mim mesma.

Houve um momento em que percebi que poucas vezes eu estivera com o coração totalmente aberto e descansado na vida: é incrível como, quando somos emocionalmente dependentes e estamos com o outro por carência — porque não sabemos quem somos, porque não nos vimos e sentimos, porque precisamos de salvadores — não percebemos disso e sentimos que damos tudo, que sofremos muito por amor e que nos entregamos. Grande ilusão e triste equívoco; podemos ser muitíssimo dependentes, carentes e parecer que nos devotamos totalmente ao outro, mas a verdade é que... nunca chegamos a abrir o coração. Só quando fazemos isso, num processo de cura profunda da carência da nossa criança interior, é que podemos dizer que nos entregamos. Podemos trabalhar uma vida inteira sem estar presentes no que fazemos, e, como temos o coração fechado à dor, também o temos fechado ao amor e ao prazer, pois ele está fechado para o sentir. A vida passa assim por nós e, um dia, acaba.

Poder interior: mente e coração

Descobri que havia passado grande parte da minha vida com o coração fechado, ainda que, a tal altura, não tivesse a menor consciência disso e pensasse que era muito boazinha e que dava muito aos outros. Na verdade, se tratava de um processo inconsciente de defesa que traçoeiramente me retirava a alegria de viver. Percebi, anos mais tarde, que anestesiava meu coração, o que o fragilizava. Quando nos fechamos aos outros com medo de sofrer, reprimindo as emoções e vivendo defensivamente, também reprimimos a energia vital e a paixão, com danos inequívocos para nossa felicidade e saúde. Sempre que nos fechamos a algo ou a alguém em nossas relações, nos fechamos à força da vida em nós; é um preço muito alto a ser pago.

Assim, aprendi que, quando abria meu coração, era quando ficava mais poderosa e quando mais facilmente libertava e descomprimia as tensões de que ele era alvo no cotidiano. Sempre fui alguém para quem o exterior causava grande impacto, para o bem ou para o mal. Tudo o que recebia do exterior eu tendia a ampliar, o que me levava a sobrevalorizar as situações negativas e a ficar inquieta com tudo muito para além do real valor que as coisas tinham.

Era uma pessoa que levava as coisas para o lado pessoal e que ficava remoendo as desconsiderações, reais ou imaginadas. Aprendi a me dessensibilizar às desconsiderações, aos problemas e às tensões próprias da vida. Isso não significa, no entanto, ignorar os problemas; significa que aprendi a não gastar energia gritando com o motorista que bateu na traseira do meu carro, aprendi a não deixar que um empregado mal-humorado e rude de um restaurante/banco ou de uma repartição pública/loja etc. arruinasse meu dia. Aprendi a respirar fundo, a abrir conscientemente meu coração e a dizer: liberto agora esta tensão e fico livre para ser eu mesma, resgatando minha harmonia integral. É impressionante como esse exercício tão simples opera mudanças tão profundas em nossa vida. Desisti de esperar sistematicamente que os outros me pedissem desculpa — muitas vezes com razão —, mas porque compreendi como a minha energia vital é preciosa. Passei a usá-la de acordo com critérios inteligentes e a partir do compromisso de me respeitar e de cuidar de mim. Renunciei a responder a fogo com fogo — o que depois me deixava tensa, trêmula, frustrada — e descobri o extraordinário poder contagiante e recuperador da serenidade firme e do humor.

Aprendi a combinar a razão com a emoção, no sentido de que a racionalidade e a emoção se apoiam mutuamente e me conduzem, em conjunto, às melhores escolhas em cada situação. Por isso, abrir o coração não significa ficar à mercê dos sentimentos — os nossos ou os dos outros —, nem significa sentir tudo tão intensamente a ponto de ficarmos com os nervos em frangalhos. O coração é o centro emanador desse amor-inteligência e, quando aberto, nos fornece toda sua capacidade de estar atento e presente no momento. Isso possibilita as escolhas mais conscientes, portanto aquelas que nos são mais favoráveis. Estar no coração significa que eu posso, com consciência e com a propriedade que me dá minha própria sabedoria interna, escolher dizer sim ou não; escolher ser solidário com os outros, escolher agir em vez de reagir, escolher ser espontâneo sem me trair, ser firme sem negar aos outros o direito de se afirmarem. Escolher ter o poder de conduzir, com cada vez mais consciência, minhas respostas emocionais e de dirigir minha energia de acordo com meus objetivos e meu propósito, sem me deixar contaminar pelo mau humor alheio ou desestabilizar porque alguém teve um mau dia. Abrir o coração à vida é nos abrirmos ao prazer, à alegria, e é a chave mais infalível para aprender a estar no agora. Abrir o coração é descobrir que o amor-sabedoria de Deus já morava lá o tempo todo. É a aprendizagem de uma vida.

Nessa transição dos 40 anos, quando fiquei doente e sem motivação para coisa alguma, aprendi que tinha de me resguardar, ficar recolhida por um tempo (a essa altura, nem sabia quanto), para iniciar um processo profundo de regeneração psicológica, emocional e física. A essa altura, veio até mim o seguinte relato sobre as águias, que me emocionou em sua perfeita sincronicidade com o momento do meu próprio voo. Para que a vida se renove em nós e se reabra em sua glória, temos (uma ou mais vezes na vida) de nos retirar, resguardar, nos libertando dos esqueletos poeirentos e das formas caducas de ser do passado. Só assim podemos ganhar novas garras, novas asas para voar revitalizados, o voo triunfal da esperança e da recriação de nós mesmos.

O voo da águia

A águia é a ave que tem a maior longevidade de sua espécie, chegando a viver 70 anos. Mas, para chegar a essa idade, por volta dos 40 anos ela tem de tomar uma decisão muito séria e difícil. Nessa idade, suas unhas ficam compridas e flexíveis, e ela deixa, assim de agarrar as presas das quais se alimenta. O bico, outrora alongado e pontiagudo, está agora encurvado. Encurvadas também, contra o peito, estão as asas, envelhecidas e pesadas, devido à grossura das penas. Voar se torna cada vez mais difícil. Nesse momento, a águia só tem duas opções: morrer... ou enfrentar um doloroso processo de regeneração. Ela terá de voar para o alto de uma montanha e se recolher num ninho perto de uma rocha, de onde não seja forçada a sair. Após encontrar esse lugar, a águia começa a bater repetida e dolorosamente com o bico na rocha, até conseguir arrancá-lo! Depois de extraí-lo, aguarda o nascimento de um novo bico, tendo início uma nova e dolorosa regeneração, arrancando agora suas unhas. Depois, quando as novas unhas começam a nascer, ela puxa e arranca, uma a uma, suas velhas penas. Então um dia, passados cinco meses desse lento e difícil processo de mudança, a águia renascida se lança em seu famoso voo de renovação, que abre as portas a uma nova etapa de mais trinta anos de vida!

Autoestima

Algumas mães com filhas adolescentes que têm problemas de baixa autoestima, depressão, raiva, assim como com doenças psicossomáticas e maus resultados escolares me perguntam, naturalmente, o que podem fazer para ajudar suas filhas. A maioria fica à espera de uma receita milagrosa que as induza, como num passe de mágica, a adotar um novo comportamento, ou a indicação de um novo livro fabuloso, uma afirmação mais poderosa, mas... eu lhes digo: comecem por si mesmas; o melhor que podem fazer por suas filhas é procurarem felicidade e harmonia interiores próprias; é colocarem sua paz de espírito como prioridade de vida, é se tornarem uma referência de autenticidade, capacidade de regeneração e amor-próprio. Invariavelmente, os problemas dos filhos são reflexos dos problemas... dos próprios pais (não é por acaso que as famílias detêm os laços cármicos mais fortes). Sinto-as imediatamente desiludidas com meu conselho, como se eu não percebesse que quem está mal são as filhas, não elas. Afinal elas precisam salvar o outro, o filho, e não a si mesmas! Consigo até sentir terror e perceber um desejo de fuga diante dessas palavras tão estranhas: "O melhor que pode fazer pela felicidade de sua filha é você mesma aprender a ser feliz." Não são elas que precisam de *conserto*, são os filhos. O que elas não sabem é que os padrões são passados de geração em geração, os resolvidos e os não resolvidos. Cada nova geração espelha — muitas vezes dolorosamente — nossos medos, vergonhas, raivas, fidelidades e desafetos, para termos a oportunidade de curá-los e superá-los.

O xamanismo diz que, quando curamos um padrão familiar, libertamos dele nossos ancestrais até cinco gerações para trás e para frente. Nossos filhos espelham, para o bem ou para o mal, aquilo que mais reprimimos em nós: nosso medo inadmissível, nossa irresponsabilidade envergonhada, os conflitos em luta interna, a raiva reprimida, os sonhos abandonados, a loucura dissimulada, os segredos irreveláveis, as impossibilidades nas quais insistimos em acreditar, as batalhas que por covardia abandonamos (erroneamente) ou as outras batalhas que não abandonamos por sacrifício (mas que devíamos ter abandonado). Nossos filhos estão lá para nos ensinar a amar tudo em nós, pois representam no palco da vida os papéis/as características que não perdoamos/aceitamos em nós mesmos.

Por isso, se você não consegue perdoar sua faceta irresponsável, não espere que seu filho deixe de ser assim. Se não consegue equilibrar seu lado *workaholic*, *Yang*, com o outro mais interiorizado, reflexivo, o *Yin*, não espere que seu filho tenha vontade de ser produtivo. Se você não trabalhar seu lado controlador e possessivo, perca a ilusão de que poderá controlar sempre seu filho, que, de alguma forma, vai fazê-lo sentir, ou a impotência que tanto teme ou o desgosto, o peso e a inutilidade do controle (melhor dizendo, do pseudocontrole).

Atraímos em nossa vida aquilo que repudiamos, aquilo de que falamos mal. Por exemplo, quanto mais eu falar mal de alguém que é injusto, ingrato ou oportunista, mais atraio essas pessoas e características para minha vida, a fim de aprender a reconhecê-las, aceitá-las e perdoá-las em mim mesma. Uma vez perdoadas, não só posso transcendê-las, como recupero uma energia psíquica considerável que antes estava vinvulada à manutenção dessa divisão em mim.

Afirmações para a autoestima:

Escolho ter uma vida plena de sentido e felicidade.

Honro minhas escolhas e respeito as escolhas dos outros.

Na companhia de outros, sou altamente respeitador de mim mesmo.

Sou um presente para os outros.

O amor por mim é a força mais poderosa de que disponho para a mudança.

Em momentos de grande tensão, medo ou dúvida, quando parece alguma não solução haver à sua volta, olhe para cima, para o alto. Deus é a total inclusão, que a tudo e todos abraça; a chuva cai e o sol brilha de igual maneira para todos; todos estão sujeitos às mesmas coisas sob o sol. Estamos todos sujeitos às mesmas leis universais, como a lei de causa e efeito, que não é uma maldição ou um fardo, mas, se colhermos sempre aquilo que semearmos, isso nos ajudará a crescer no conhecimento de que todos nós dependemos de ações recíprocas. Isso nos ajuda a ser mais autoconscientes, portanto mais responsáveis diante da grandiosa inteligência da vida. Na verdade é o universo, através de suas leis, nos conduzindo sincronisticamente para a liberdade e a iluminação, ao nos ensinar a fazer as escolhas que revelam, gradualmente, nossa essência divina.

Quer ter razão ou ser feliz?

Um curso em milagres

Queremos estar certos. Queremos mesmo ter sempre razão. Talvez seja essa a raiz de todas as sabotagens, as que infligimos a nós mesmos e aos outros. Estar certo significa ser validado pelo que sou. Podemos não ter consciência disso, mas somos psicologicamente condicionados por essa necessidade. Na verdade, todos nós queremos ser aceitos por aquilo que somos, não importa quem sejamos. Queremos sentir que estamos certos, e isso não significa necessariamente que temos de ser donos da razão, mas que não somos descartados nem negados no mais fundamental que nos define, no mais nuclear e essencial que somos. Por causa desse mecanismo, é mais difícil mudarmos algo na vida, verdadeira e satisfatoriamente para o nosso próprio bem, se nos sentirmos incorretos, julgados ou condenados.

Esse mecanismo psicológico tem muitas manifestações — todas as que são criadas na vida — sobre as quais vale a pena refletirmos. Para uns, estar certo significa não serem menosprezados em sua contribuição aos outros, ou seja, serem reconhecidos no que têm para dar, dizer ou ser. Para outros, significa que as pessoas reconhecem sua fidelidade aos princípios básicos que estruturaram seu ser desde o início da vida, significa que os outros respeitam suas escolhas e sua visão de mundo, que não querem tentar consertar os outros a todo custo.

O problema surge quando estar certo representa a fidelidade a crenças limitadoras que implicam paradoxalmente, ao querer "estar certo", a traição a mim mesmo na minha capacidade de ser mais feliz, saudável e próspero.

Após alguns anos de ausência, voltei a uma academia na qual fiz um plano de exercícios com um instrutor de fitness. Passados alguns meses e por vários motivos, não cheguei aos resultados a que me propusera. O instrutor me fez notar que o mais importante ali eram os resultados, e que eu estava errada por não ter conseguido chegar lá. O fato de ter me superado ao longo daqueles meses criando novos hábitos foi o que mais levei em consideração. Não senti que havia falhado; senti que iniciara um caminho, mobilizara energias e mudara hábitos que certamente continuariam a produzir bons frutos. Mas também senti que estava *errada* ao aceitar treinar naquela academia. É esse sentimento que nos faz desistir do exercício, dos regimes equilibrados, dos estudos, de... o que quer que nosso coração procure abraçar para vivermos mais realizados.

Percebi a tristeza que acompanhou esse sentimento de invalidação e, em vez de continuar ali com poucas probabilidades de êxito, mudei para uma academia na qual poderia ter uma atividade que me desse mais prazer e que havia praticado por muitos anos: a dança. Mantive meus objetivos físicos, mas acrescentei mais divertimento e motivação a meu projeto. Mudei para um ambiente mais encorajador do que punitivo, o que e fez toda diferença daí em diante, quer em termos de bem-estar físico, quer em termos de poder despender menos energia e obter melhores resultados. Por vezes, temos de mudar para cenários mais encorajadores e nutridores. Esse não é um exemplo dramático, mas escolhi apresentá-lo porque ilustra o princípio para reflexão aplicado às circunstâncias mais simples. Muitas vezes, é precisamente nas situações mais simples que ser assertivo e atento se torna mais difícil.

Quando vivo num ambiente que me ignora, me reprime, me nega ou mesmo me hostiliza, entro lenta e gravemente numa espiral de estresse, definhamento, tristeza, alienação e perdição. Quando isso acontece, posso entrar perigosamente num processo gradual de desânimo interior, no qual vou gradualmente me perdendo de mim. Pelo caminho, vou apelando para todas as fantasias-escape que puder. Se eu persistir em me deixar sem o fogo — que é o resultado de uma boa capacidade de filtrar, de sentir o Amor da Vida —, posso congelar de dor e ter uma morte lenta em vida. Quem não conhece alguém nessa condição? Talvez até você tenha vivido essa dor da alma ou, melhor dizendo, de não sentir a alma. Usamos o álcool, o sexo, o trabalho, a tevê, a comida etc., para amortecer a fria escuridão que nos habita, procurando desesperadamente algum calor ao final, o amor. Esse amor que nos dá uma sensação irresistível e absolutamente única de aquecer o coração e a alma, de nos sentirmos amados, aceitos, valorizados em nossa singularidade. Podemos a uma vida esfomeados na alma e pagando um preço demasiadamente alto ao desvalorizar nosso amor, nosso corpo, nosso talento, nossa energia, nossa vontade, em troca de migalhas de um sentido que insiste em fugir pelas nossas mãos, ao acordarmos. Dizemos: sou capaz de aguentar isso, seja isso uma relação, uma família, um escritório, uma cidade, uma comunidade. Se você está nesse estado de inanição psíquico-afetivo, não aguente mais. Vá embora. Encontre uma saída, uma toca, um porto seguro. Qualquer preço é melhor que o preço da morte em vida. Peça ajuda a um bom amigo, sacerdote ou terapeuta. Alguém que saiba como ajudá-lo a *ver* realmente como você está e a agir, e não um que o conforte simplesmente para que tudo fique na mesma. Curar nossas dependências e sair da prisão onde nos colocamos por motivos diversos não é fácil, mas a vida se encarrega disso, exercendo a necessária pressão, nos empurrando para um nível mais funcional de existência. Uma vida em que se possa, de fato, funcionar bem, não somente existir sobrevivendo. Onde você possa encontrar seu lugar, trabalhar por sua realização, lançar sementes para o futuro, contribuir para a sociedade e fazer tudo ao lado da vida, com a Vida ao seu lado.

Procure um ambiente no qual seja valorizado, acarinhado, integrado com respeito. O ser humano — como todas as coisas — floresce num ambiente no qual é aceito, validado, reconhecido, elogiado ou tratado com carinho. Se quisermos ver alguém definhar, ou se quisermos acabar com uma relação, devotemos-lhe frieza. É fundamental aprendermos a revelar o apreço que sentimos uns pelos outros sem preconceitos culturais ou outros. Ensinemos o valor do elogio sincero e do reconhecimento a nossos filhos. Aprenda o valor inestimável de manifestar diariamente o apreço por si mesmo: a vida nos trata como nós tratamos a nós mesmos. Por isso, trate de lançar um novo patamar de qualidade em suas relações e em seus projetos.

Emanuela

Emanuela é uma profissional bem-sucedida do mundo da moda e mãe superprotetora, com uma ferida de rejeição da infância. Essa ferida a torna altamente sensível aos sinais de abandono dos outros. Ela se casou com um homem ciumento e possessivo, mas com medo a ser controlado. Ele havia crescido sem a mãe, que ele perdera, e aprendera que a intimidade, embora fosse o que ele mais ansiasse, não era segura. Não era seguro amar alguém, pois esse alguém poderia ser tirado dele a qualquer instante. Não poderia se permitir deixar "possuir" ou controlar por nenhuma mulher. Isso poderia equivaler a se perder completamente no outro e a "morrer" de dor outra vez quando voltasse a perder a mulher amada.

Mais tarde, Emanuela percebeu amargamente que, no início, os ciúmes dele a faziam se sentir segura e desejável e eram a melhor garantia de que ele estaria sempre lá para ela. Mal sabia que essa leitura distorcida — baseada nas crenças geradas na infância, já que ela teve um pai sedutor mas alcoólatra e ausente — lhe custaria um preço muito elevado. Na verdade, sempre que o marido vinha para casa mais tarde, cancelava um encontro ou avisava que ia se ausentar por causa de um trabalho extra, evocava nela as velhas e profundas feridas de rejeição e era sua menina interior que sentia que iria morrer abandonada. Essa dor desmedida fazia Emanuela reagir exageradamente, tornando-a uma controladora compulsiva — aquilo que o marido mais temia e que nele gerava ressentimentos e raiva imediatos (pois evocava o medo da intimidade), fazendo com que ele reagisse violentamente e saísse ainda mais vezes de casa. E ambos encenaram o mesmo filme doloroso inúmeras vezes. Até que um divórcio brutal lhe pôs um ponto final, e Emanuela finalmente pediu ajuda terapêutica.

Emanuela aprendeu a colocar um pensamento novo que lhe desse sustentação e apoio, em vez de reagir com o mesmo pensamento: ele vai me deixar, tenho de tomar cuidado. Passou a se comprometer com sua criança interior, no sentido de sua cura, e a escolher ter seus próprios pensamentos, em vez de ter pensamentos de medo e perda. Por exemplo, depois de um pensamento reativo — e um padrão regressa muitas vezes, pois é acionado por qualquer circunstância exterior da qual fazemos a antiga leitura com as velhas lentes distorcidas —, ela pensa e afirma: *estou segura e confiante em minha capacidade de acreditar em mim mesma e no meu direito de ser amada exatamente como sou.*

Somos alquimistas do nosso mundo interno. Recriamos nossa própria obra-prima com a graça divina. Aprender a colocar nossa atenção sem julgamento em tudo o que sentimos é muito importante para ultrapassarmos esse estado emocional perturbador e penetrarmos níveis mais luminosos da nossa realidade interna, irmos ao âmago do nosso ser, perto da fonte pura da consciência. Assim, aprendemos com as emoções turbilhonadas, em vez de as considerarmos ameaças e de reagirmos indefinidamente a elas, aumentando, nesse caso, o poder delas sobre nós.

Aprendendo que essas reações emocionais são velhas *fitas cassetes*, que, na realidade, nada têm a ver com as cenas que estamos vivendo no presente, *Um curso em milagres* diz que não estamos chateados pelas razões que pensamos no momento, mas porque aquela circunstância ativa memórias inconscientes muito antigas (inclusive de outras vidas). Percebemos o quão vulneráveis e temporárias essas razões são e conseguimos usar sua energia para outros comportamentos e outras atividades construtivas. Tal compreensão da vulnerabilidade dessas antigas crenças limitadoras também nos proporciona maior entendimento e empatia em relação a nós mesmos. Esse é um passo essencial para começarmos a transformar essas crenças, que minam drasticamente nosso poder interior em crenças positivas, construtivas.

Nossas convicções sobre nós e a vida precisam ser aquelas que nos valorizam, que aumentam nosso amor-próprio e fomentam a realização pessoal. Precisamos ter crenças que nos propulsionem no sentido da excelência, da alegria e da plenitude de vida. A Astrologia me ensinou que, no máximo de três em três anos, devemos rever nossos sistemas de crenças fazendo um "escaneamento" de todo esse edifício de convicções construído ao longo de uma vida, para ver quais são as que estão desatualizadas, as que carecem de maior reflexão ou reciclagem, as que precisam ser atualizadas em função da mulher e do homem em que hoje nos transformamos. Reveja suas crenças e confirme se elas o apoiam na vida, se são uma boa base para edificar seus sonhos, suas metas, sua visão, seu interior e bem maior.

Afirmação:

Todos os dias e de todas as formas
estou cada vez melhor.

A Dignidade da Vida

Quando nos levamos demasiadamente a sério e perdemos a espontaneidade, ficamos sisudos e sombrios, cada vez mais envolvidos com as "preocupações da vida" — com uma secreta e tristemente ilusória esperança de que, se nos entregarmos seriamente às preocupações, talvez elas nos deixem de vez. Ou então nos deixamos abater pelo fatalismo da crença oposta: por mais que eu faça, nunca deixarei de ter preocupações a esse respeito; se as coisas nunca vão mudar significativamente, o melhor é me manter preocupado o tempo todo. É o princípio do fim. E o fim pode demorar um ano, cinco ou dez, mas um dia vai chegar. Primeiro, como uma vida em banho-maria — não há muitas emoções com que vibrar, não há muitos desejos com que sonhar, não me deixo encantar com as surpresas da vida. Podemos nos portar assim ao longo de anos e anos. Finalmente, se assemelha a uma morte em vida lenta em que não podemos dizer com propriedade que vivemos, mas que sobrevivemos.

Quando perdemos o contato com nossa energia vital, o nosso corpo, as nossas sensações físicas, a sensualidade — no sentido de beber a vida com a visão, ver a vida com o tato, senti-la em seus sons, escutá-la em seus sabores, cheirá-la em seus odores e integrá-la no coração —, é o princípio do fim.

O princípio do fim do prazer de existir num corpo físico, belo em sua complexidade e em sua maravilhosa programação natural para a saúde e a vitalidade. O princípio do fim do desfrute com todos os dons que a mãe natureza nos doou. O princípio do fim do prazer sublime da entrega e da partilha do amor, na dança cósmica a dois que a sexualidade plena nos oferece. O princípio do fim da alegria de nossa criança interna, coagida que fica na sua autoexpressão criativa, que é a fonte da capacidade de sonhar.

É urgente, então, resgatar o riso, a atividade física, as massagens, o canto, os ritmos-ciclo naturais do nosso corpo, a beleza da solidariedade, a recreação, o prazer de respirar no campo, os pés nus na terra, o nada fazer, a dança, o ato de olhar para o mar, o prazer de cozinhar, de cuidar do corpo com amor, de pensar, de se estar sozinho, de conceber uma ideia, de brincar em grupo, de viajar, de comer, de construir um centro de paz interior a partir do qual possamos fazer uma nova gestão do nosso cotidiano. Considere seriamente essa urgência e pratique a Vida, antes que ela *decida* que é melhor ir morar num ser mais leve, mais divertido ou simplesmente... com mais tempo para ela!

Meditação

Meditar é um dos melhores exercícios que conheço a fim de treinar a mente para entrar no campo de todas as possibilidades — como chama Deepak Chopra — e conquistar poder interior, o poder que só se conquista com silêncio, receptividade, docilidade diante da vida. A partir do momento em que cessamos nosso ruído interno, outra dimensão pacífica e poderosa começa a tomar conta de nós gradualmente, e outra confiança e fé nos invadem. A alma é a ponte entre a personalidade e o espírito, e, para que essa ligação se restabeleça, é necessário atravessar o vazio que a todos habita, a todos assusta e do qual, numa primeira fase de vida, via de regra fugimos. Fugimos dos nossos vazios por meio do dinheiro, do trabalho, da comida, do sexo, da tevê, das atividades externas etc. Assim, numa primeira fase, nossa vida é desdobrada a partir dos milhões de imagens que recolhemos diariamente: avulsas, dessincronizadas, contraditórias, agressoras. Construímos nosso conceito da realidade aparente a partir do que filtramos dessas imagens, acreditando que os dois mil bits de informação que conseguimos digerir por segundo, retirados do imenso manancial de quatrocentos bilhões de bits de informação disponíveis, são tudo que existe "lá fora". Nos defendemos dizendo que somos muito "mentais" (como se fosse possível não sê-lo e fingir que não temos cérebro) e só reagimos ao que nos é familiar, ao que nos devolve um sentido de segurança, do *já conhecido*. Mas como não vamos mais longe nem nos permitimos ser inspirados por novas informações e novos ensinamentos com poder de ampliar nossa consciência sobre quem somos, vamos ocupando patamares de inconsciente e impotente banalidade. Precisamos aprender a viver de dentro para fora, ou seja, aprender a viver o silêncio, a oração, a meditação. Aprender a nos retirar diariamente, mensalmente, anualmente. Fazer da nossa vida um caminho de luz começa por uma rendição, uma aceitação crescente que elimina inquietação, medos, muitos medos. Medo de não controlar, de não ser controlado, de existir, de perder, de viver, de morrer, de...

Viver de dentro para fora é um treino essencial para o poder interior. Sempre que algo em nosso exterior não está como gostaríamos, ou está em desarmonia, devemos nos recolher e procurar respostas em nosso interior. Estamos tão habituados a lutar com o exterior que só a ideia de nos recolhermos, nos pacificarmos, silenciarmos a mente e nos tomarmo receptivos a uma orientação interna sempre que há um problema, parece alienígena, estranha, assustadora ou mesmo impossível para nós. Quando será que vamos entregar as armas e aprender a viver, em vez de apenas sobreviver?

A Abundância do Universo

O universo é pródigo em seus recursos, os quais ele não desperdiça (nada se perde, tudo se transforma). Ele sempre encontra a forma mais econômica de chegar ao resultado pretendido. Assim como quando lançamos uma semente de trigo à terra nascem milhares de sementes, o universo lança nos corações de milhares de pessoas o mesmo sonho, para que alguns cheguem a cumpri-lo. Ele dota o homem de milhões de espermatozoides e a mulher, de milhares de óvulos, para que gerem uma pessoa. O Universo é infinito em sua criatividade e nas soluções que produz, e está sempre criando em todos os parâmetros (por exemplo, não há na Terra duas folhas iguais em textura, forma e cor).

Estou onde estou hoje por causa do que acredito que sou. Hoje sou o resultado das escolhas que fiz no passado. Amanhã, serei o resultado das escolhas de hoje.

Aprendamos a ser testemunhas conscientes de nossa vida e, por consequência, de nossas escolhas cotidianas. Uma escolha resulta de um pensamento, e um pensamento pode ser mudado. Nossos traços psicológicos derivam de crenças que são reforçadas e crescem ao longo de muitas vidas. De tanto acreditarmos que somos como somos, nos tornamos isso mesmo. Mas cada vida nos traz a oportunidade de nos identificarmos com base em novas referências, de nos vermos filtrados através de lentes mais cristalinas. A base de dados de informação que acumulamos pelo menos desde o útero materno, com seus conceitos e preconceitos, julgamentos, definições e regras, é a responsável por criar a vida que temos. Julgamos cada evento com base no que nos aconteceu no passado. Por isso, por vezes, é tão difícil encontrarmos novas soluções ou nos abrirmos a novas possibilidades de crescimento e de realização.

Vivemos num tempo em que a informação disponível sobre todas as áreas chega a nós em velocidade tão alta que uma simples mudança de crenças não nos atinge. É preciso mudar paradigmas inteiros, sistemas de crenças completos. As verdades eternas de hoje são as mesmas de ontem. Mas a informação que pode devolver o homem à sua divindade interior muda ao longo dos tempos, de acordo com a preparação da humanidade para recebê-la. Desde o século XIX estamos preparados para saber que temos um inconsciente que cria realidades em nossa vida a todo instante. Estamos desde então (re) aprendendo coisas extraordinárias sobre o poder da mente, o consciente e o inconsciente, sobre o funcionamento do cérebro e de todos os nossos sistemas. A ciência percorreu seu caminho de investigação dos mundos externos, dos fenômenos exteriores, para os mundos internos, da psique, da alma, da consciência. Mundos que as antigas tradições conheciam e trabalham no segredo de suas câmaras, de seus templos, propondo ao ser humano a derradeira alquimia da consciência: a transformação de chumbo em ouro, a rendição da matéria à vida do espírito.

A Homeostasia e a Heterostasia

A homeostasia e a heterostasia se combinam, gerando a história da vida em nosso planeta e também nossa própria história de vida — o microcosmo repete o padrão do macrocosmo, ou o que é em cima é o que é embaixo.

Homeostase ou Homeostasia

Propriedade de os seres vivos regularem seu ambiente interno no sentido de manterem uma condição estável. Nossos sistemas internos operam inter-relacionados, com vários ajustes para alcançar esse equilíbrio dinâmico. Propensão ao equilíbrio, à manutenção do *status quo*, à segurança.

Heterostasia

A tendência manifestada pelos sistemas de procurarem propositadamente um desequilíbrio de forças para alcançar níveis mais elevados de homeostasia (de equilíbrio). Nos seres humanos equivale à tensão inerente ao ato criativo, por meio do qual se procuram novos níveis de resolução. A heterostasia, uma vez que corresponde à procura de novos estímulos, gera mudança, crescimento, inovação, novidade.

Tanto a homeostasia como a heterostasia protegem a vida, mas, frequentemente as pessoas preferem a segurança do conhecido (homeostasia) e desnecessariamente abnegam de boa parte da riqueza da vida, sob a forma de mudança e evolução (heterostasia). Fazem isso por insegurança emocional, por medo que da mudança resulte sempre uma perda. O paradoxo é que a obsessão por segurança, para além de impedir o desfrute da vida, acaba interferindo e pondo em risco, a longo prazo, essa mesma segurança (criam-se padrões neuróticos, vícios, fobias).

Quer transcender seu destino? Supere-se! De acordo com as leis de um universo em que a manifestação das coisas criadas assume uma polaridade dual — *Yin Yang*, polo positivo, polo negativo, dia e noite, calor e frio, vazio e cheio etc., há um mecanismo autorregulador — homeostasia — que promove continuamente o equilíbrio entre as duas polaridades, ou seja, zela para que uma não prevaleça muito tempo sobre a outra. Para usar exemplos simples, se sinto muita fome, meu sistema digestivo me faz saber, por meio de um conjunto de ações que espelham o desequilíbrio dessa minha condição, e tenho de comer para regressar ao equilíbrio. Se estou demasiadamente ativo, há mecanismos em meu corpo que são acionados para me fazer parar e descansar. Esse mecanismo apoia a sobrevivência da vida e dos sistemas, mas, no limite, pode gerar paralisia. As pessoas e as sociedades que privilegiam a homeostasia são conservadoras, controladoras, avessas à mudança, procurando a todo custo manter o que têm. As crises e revoluções surgem então como rupturas necessárias para se alcançarem novos equilíbrios.

Por exemplo, se só dou e não sei receber, será criado um desequilíbrio na minha vida que certamente será vivenciado por meio de uma crise para eu me reorientar até o meu vazio interior e aprender a preenchê-lo de dentro para fora. Claro que podemos resistir à crise, assim como podemos resistir à necessidade de beber quando estamos com sede, ou nunca parando a fim de ter tempo para cuidar de nós, nos dando um tempo de introspecção e de fecunda interioridade. Podemos resistir, mas, como não estamos acima das leis universais, elas nos devolvem o resultado de nossas escolhas conscientes e inconscientes. E nossas resistências vão rompendo condições de desequilíbrio sucessivas, até eventualmente chegarmos à ruptura de sistemas suficientes para entrarem em colapso — como no caso de uma greve de fome que conduz à morte ou de uma doença grave que acaba sendo a única forma de a vida nos mostrar o quanto fugimos e nos afastamos de nós mesmos insistindo em viver pela metade, de forma unilateral, redutora, amedrontada e tristemente insuficiente.

Por exemplo, perder peso e se tomar mais atraente é algo naturalmente positivo, uma nova e estimulante etapa. Mas implicará um reajuste inevitável da balança, que vai apelar a outros recursos nossos. Talvez tenhamos de lidar com o ciúme de um cônjuge inseguro a quem agradavam nossos quilos a mais, porque não ameaçavam o maior medo dele: o de perder o parceiro “s-guro”. Podemos ter de enfrentar o ressentimento inconscien e de uma mãe, irmã ou amiga que, secretamente, compete conosco por atenção, valorização ou superioridade. Podemos ter de aprender a lidar com o desafio — o que pode ser difícil — de nos tornarmos sexualmente mais atraentes para o sexo oposto, nos obrigando a estabelecer novos limites e até a redefinir a manifestação de nossa sexualidade. Como nossa autoimagem mudou, podemos nos confrontar com uma escalada de novas ambições que desafiam os antigos e confortáveis limites, trazendo à tona novos temores novas e ansiedades. Uma conquista nova dá lugar a novas responsabilidades: heterostasia. Era melhor não perder peso para não correr o risco de lidar com a dor da rejeição de uma mãe, irmã ou amiga? Era preferível se manter inofensivamente gorda/o e estar a salvo de insinuações, comentários e convites explícitos, ofensivos ou secretamente tentadores? Era preferível não viver no seu melhor? Uma etapa é melhor que a outra? A mudança sempre traz sofrimento?

A mudança é o estado natural das coisas

Não trave a mudança na sua vida por medo das consequências. Isso não é possível. Mudança é o outro nome pelo qual a Vida é conhecida. Procure antes conceber a Vida como uma viagem extraordinária, excitante no seu mistério e sagrada na sua essência.

Voltando ao exemplo dado, a primeira etapa está abarrotando com a dor de se enterrar em excesso de peso, o qual a "defende" de emoções que receia encarar, com a dor de negar validação e apreço a si mesmo, produzindo autoaversão, como o faz o pus de uma ferida infectada. É um preço muito alto a ser pago para abafar suas mágoas e seus vazios. A etapa seguinte foi gerada por uma mudança interior e é simultaneamente geradora de mais mudança. Você aprendeu a se cuidar, a zelar pelo próprio bem-estar, a disciplinar sua energia de acordo com as crenças pessoais mais positivas, a curar a ferida de sua criança interior — qualquer que seja ela, podemos resumi-la a uma profunda falta de amor por si mesmo. Aprendeu a se sentir desejada e a lidar com isso. Aprendeu a lidar com o ciúme e a competitividade alheia, e a afirmar seu direito às próprias ambições e a explorar seu potencial. Foi preciso reorientar sua energia, aprender a manter um alto nível de compromisso com seus objetivos e sua felicidade, aprender a gerir a frustração de eventualmente ter, com o progresso, "frustado" as expectativas de alguém a quem amava. Ao fim de certo tempo, a mudança — heterostasia — produz novo equilíbrio; você dominou essa etapa que antes parecia tão assustadora, mudou o que tinha de ser mudado, expandiu sua consciência e criou novas oportunidades para si mesmo. Pagou o preço para evoluir. Sempre é preciso pagar um preço para crescer: o de enfrentar uma constelação de medos — de perda, do sucesso, de trair, da mudança, de ser punido etc; não importa o que esteja em causa: perder peso, se divorciar, aprender a dizer não sem se sentir culpado, aprender a dizer sim à necessidade de tempo para si mesmo, mudar de emprego, de país, de figurino, de ideias, de paixão ou de estilo de vida.

Crescer pode doer, mas é nosso destino. Estamos programados para novas viagens, novas aventuras, descobertas, novos encontros, encantamentos, novas revelações, novos mistérios, horizontes, espantos, conhecimentos, novas heterostasias entre homeostasias.

Oração da serenidade

Deus, concedei-me serenidade para aceitar as coisas que não posso mudar, coragem para mudar as que posso e sabedoria para a diferenciar as duas.
Oração derivada dos escritos de Buddha, usada nos programas de 12 passos para as dependências, como o dos Alcoólicos Anônimos.

Alquimia da Felicidade

"Conhece-te a ti mesmo."

Sócrates

Alquimia

Pessoalmente, as maiores crises da minha vida sempre deram início, miraculosamente, a períodos de renascimento, como costumo dizer. Fases cheias de possibilidades, em que novas realizações dependiam, como nunca antes, da minha disponibilidade para investir outra vez em mim, numa relação ou numa carreira. Perto do fim de algo, mesmo antes de raiar a madrugada, é o momento em que a noite é mais escura. E esse mergulho na noite escura da alma é parte de um ciclo que pode levar dias, meses ou anos, mas sempre acaba por se fundindo com o ciclo seguinte. É impossível mudarmos as fases da vida, mas, como somos magos de nossas experiências, nossas escolhas estão constantemente recriando novas circunstâncias. A vida responde a nós nessa dança, ela nos dá respostas e vai nos mostrando onde estão os maiores desafios na forma de áreas em que os problemas surgem. O problema é que não fomos ensinados a acreditar que podemos mudar as circunstâncias. Isso não significa mudar as lições que precisamos aprender, melhor dizendo, que escolhemos aprender, em sintonia com o projeto da ordem universal. Significa que podemos aprender as mesmas lições ao fazermos melhor uso de nossos recursos como magos da vida e, assim, conseguir passar pelas crises ou pelos desafios com um senso intacto de unidade. Podemos sair da crise um pouco abalados, mas reforçados em nossos fundamentos, com nossa estrutura temperada e fortalecida pelo fogo-dor da experiência. Podemos aprender que está em nossas mãos mudar as circunstâncias e começar a praticar. Eu disse mudar, não negar nem lutar contra. Devemos é lutar a favor da corrente, ou seja, a favor dos sinais trazidos pelo desafio. Lutar aqui é aprender como melhor reagir e se adaptar à perda, ao vazio, à dor, ao pedaço de vida que lhe foi arrancado sem que você quisesse.

Como magos, temos à nossa disposição para trabalhar com e produzir os resultados que almejamos na realidade: o corpo físico, o poder do pensamento e a razão, a nutrição dos sentimentos e a capacidade de ação e mobilização das energias. Na verdade, tudo se resume à utilização adequada das energias a fim de produzir determinado resultado. Essa é a alquimia realizada pelo mago ou pelo herói, que é você. Esse poder de cocriar as experiências da vida é muitas vezes alvo de sentimentos ambivalentes e uma faca de dois gumes para aqueles que ficam presos nessa dualidade. Secretamente ou não, podemos gostar da ideia de que temos alguma intervenção real na condução de nossos destinos. No entanto, essa ideia ensina que a outra face da moeda da liberdade de escolha é a da responsabilidade por assumir suas consequências. Essa pode ser uma parte difícil, por dois motivos: primeiro, porque, uma vez que cerca de 95 por cento do que criamos na vida é feito de modo inconsciente (por meio de automatismos, hábitos inconscientes), muitas vezes não gostamos do que criamos e que é visível nas dificuldades da vida, mas, como não o criamos conscientemente, se revela como uma ameaça externa. Uma vez que se revela como algo que não domino, então como o criei? A ciência esotérica ensina que cada um de nós tem um carma individual, um carma familiar e um carma coletivo.

Todos se entrelaçam e se fundem uns com os outros como fios de várias cores numa enorme tapeçaria, vida após vida após vida. A Astrologia tem a capacidade de nos revelar o teor desses carmas específicos; assim, usando um exemplo extremamente simplista, se alguém em outra vida teve influência negativa na vida do coletivo, na vida de um grande grupo de pessoas, na vida próxima poderá sofrer consideráveis condições negativas impostas pelo coletivo, por poderes sociais para além de seu controle. Na verdade, não é possível alterar condições transpessoais, que estão para além do controle de nossa personalidade, senão por via da transformação da nossa própria consciência. Aqui, o carma coletivo se funde com o carma individual, no sentido de que ambos se engendram. Essas especificações do carma são úteis para uma análise aprofundada da nossa vida e dos tipos específicos de desafios mais recorrentes na relação com nós mesmos, na relação com os que são mais próximos a nós e na relação com a sociedade.

Por outro lado, pode ser difícil aceitar que temos esse poder, porque é algo assustador; pode ser muita responsabilidade quando, com frequência, o que mais quiséssemos fosse alguém que se responsabilizasse por nós, que pagasse o preço por nós, que ficasse com o ônus da escolha e que lidasse com as consequências de nossas atitudes. Mas o universo contabiliza tudo e não desperdiça nada: nenhum esforço nosso, nenhum sorriso, nenhuma palavra. Tudo é aceito na perfeita ordem da Vida maior em que existimos. Aceitar trabalhar com esse poder, que é o de cocriarmos nossa vida com a essência que é a fonte, implica aceitar ter uma vida mais consciente (ciente de si mesmo), mais lúcida (luminosa), mais criativa (o *self* em ação).

Quando estamos mudando nossas crenças limitadoras, há um período cuja duração é muito variável, em que estamos com um pé lá e outro cá. Uma parte de nós já acredita no novo paradigma e adere genuinamente à mudança, enquanto que a outra parte desconfia, fica sobressaltada por antigos medos, que trazem as mesmas defesas de sempre. É um momento em que nos sentimos como à beira de um rio vendo a terra prometida na outra margem, mas ainda precisamos atravessar o rio. Sabemos que podemos chegar aos resultados que queremos materializar em nossa vida — uma relação afetiva mais plena e feliz, uma vida material mais estável e próspera, saúde e vitalidade mais abundantes, uma carreira de sucesso na atividade que nos traz maior realização. Mas ainda temos de lidar com aquela enorme corrente de água, e os meios que temos a nosso dispor são todas as técnicas, as terapias, as práticas espirituais, as crenças que podem nos conduzir por nosso processo interior de autorrenovação para um novo patamar de felicidade pessoal. A prática da mudança começa, muitas vezes, por um início tímido, sem uma luz no fundo do túnel, em que mal acreditamos que, só por começarmos a mudar nosso diálogo interior, conseguiremos mudar nossa vida; nesse período nem todos os dias fazemos afirmações, meditamos ou estamos firmes em nosso propósito de ir mais longe. Nessa fase, temos uma jangada um tanto frágil, que nos inicia na travessia das águas. É preciso, no entanto, que essa jangada deixe a terra e se aventure no rio da mudança ou, melhor dizendo, no rio da Vida. Retrospectivamente, vemos que quase sempre são as crises que nos empurram para as águas e, então, temos mesmo de remar... Uma vez no rio, podemos escolher remar contra a maré; gastamos imensa energia e muitos recursos para percebermos no final que ficamos ainda piores — isso acontece quando resistimos e nos negamos a dizer *sim* ao que aconteceu, seja uma perda pessoal, uma doença, uma ruptura amorosa, uma falência ou qualquer outra experiência que funcione como um ímã para adentrarmos mais fundo em nós.

Nessa fase, ainda achamos que podemos negociar e vamos adiando a mudança maior — fingimos que não vemos nem sentimos. Temos, naturalmente, medo de sentir a morte psíquica que aquele evento traz como semente. Só que já estamos no rio; já estamos bem longe da margem conhecida, de nossa zona de conforto, na qual tínhamos o controle da nossa vida. As águas se agitam, e, por vezes, mal conseguimos nos aguentar de pé. É aqui que finalmente cedemos, e o desespero vem em ondas. Avassalador por vezes, num dia ainda de braços dados com a raiva, no outro, agarrado à impotência. Passa muita coisa pela nossa cabeça, e percebemos que a cabeça — talvez outrora tão "certa" e controladora — agora não dá alívio, nem resposta, nem saída. Isso acontece porque não é da natureza da cabeça, ou seja, da mente inferior com que habitualmente gerimos o cotidiano, o entendimento da verdade. A mente é naturalmente imprescindível para aprendermos, ensinarmos, divulgarmos, nos conectarmos, nos relacionarmos, gerirmos e digerirmos as informações e os eventos do dia a dia. Mas é num nível muito mais profundo, dentro de nós, que o centro da ação ocorre.

Quando ficamos sem fogo, sem energia, sem motivação ou esperança, é o sinal inequívoco da vida em nós preparando terreno para a grande alquimia. Essa fase é chamada de nigredo, a etapa obscura da Alquimia interna que a crise representa. É a noite escura da alma, a travessia nos desertos que todos nós provavelmente já conhecemos. Nessa fase, nos sentimos atirados para o fundo do poço, perdemos as antigas seguranças, ficamos desorientados e sensíveis, assustados e solitários, nesse medo profundo e intraduzível. É preciso aceitarmos esse momento sem quaisquer certificados de garantia ou ilusórias tábuas de salvação. É um momento arquetípico, que evoca poderosamente todas as mortes psicológicas por que passamos enquanto parte da humanidade. É a etapa alquímica em que o chumbo se prepara para sua ascensão, para chegar a ser transformado em ouro; é preciso que o chumbo se desagregue nesse caos dissolvente, a partir do qual uma nova consciência emergirá.

É necessário continuar em frente, muito embora por vezes não saibamos bem por meio de que forças nos conduzimos através desse deserto nem como conseguimos descobrir a ponta a ser pega na nossa vida. Nessa fase, é preciso perdermos antigas referências de uma identidade que já não nos serve, que ficou insana. É preciso ter a coragem de não saber mais como nos definimos, como nos contrastamos com o mundo, a coragem de sermos transparentes nessa fragilidade que em breve abrirá as portas ao novo degrau da espiral da vida. Essa é uma fase difícil, delicada, em que muitos se perdem em novas alienações, que nada mais são do que fugas escancaradas do sofrimento causado pela metamorfose naturalmente necessária que se desdobra em nós. Questionamos o sofrimento da larva ao se transformar em borboleta? Se tentarmos fugir da renovação nessa fase, poderemos perder a importante aprendizagem que esse ciclo de despojamento nos oferece e passar a atrair mais tarde em nossa vida outra crise que possa completar o que ficou inacabado nessa. A vida tem um *curriculum* para nós. Podemos não querer passar de um ano para o outro; escolhemos repeti-lo e ter mais tempo para voltar a estudar aquela matéria. Mas a escola da vida não nos permite saltar por cima das lições que precisamos integrar ao longo da cocriação do nosso destino.

Nessa fase, muitos procuram alívio para a dor de muitas formas, se anestesiando com comprimidos, trabalho, comida, sexo ou outra coisa que sirva à compulsão por ficarmos alheios ao que sentimos nas profundezas de nós. Mas quando sentimos que nada disso vai funcionar, começamos, aos poucos, a aceitar o temível vazio. Assumidamente ou não, chegamos ao fundo do poço. Se não nos deixarmos anestesiar demasiadamente, nem por tempo demais com quaisquer substâncias ou atividades que visem amortecer a dor — mas que também impeçam a evolução da alquimia integral que está sendo realizada em todo o nosso ser —, então um dia começarão a despontar novos sinais de mudança. Sinais de que uma nova e importante parcela do nosso psiquismo está sendo preparada para emergir, para sair das trevas e se mostrar à luz. Como será a experiência de sair das águas cálidas do ventre materno? De ser semente no seio da terra negra, se despedaçando desde o interior até a periferia, germinando novas raízes, novo tronco, novas folhas? Aqui, já percebemos que as regras mudaram e que não vale a pena nos defendermos à moda antiga. Também não adianta nos martirizarmos com a culpa ou, inversamente, perseguir bodes expiatórios, numa ilusória tentativa de diminuir a dor e de fugir. Isso não significa que tenhamos nos demitido do nosso dever de fazer o melhor para reparar, nos nossos relacionamentos, uma situação de injustiça, de crise ou de dificuldade. Significa, sim, que é preciso reparar o que puder ser reparado, reunir os cacos e cuidar de nós, começando por acolher uma nova e irreversível ordem na nossa vida.

O "por que é que isso aconteceu a mim, logo agora" ou "o que fiz de errado, eu não merecia" só são úteis porque podem nos impelir a ir em busca de novas respostas, nunca antes necessárias no mapa de referências do nosso mundo pessoal. Desde que estejamos abertos para recebê-las e desde que isso não sirva como mera tentativa de manter o *status quo*, negando nossa parte de responsabilidade pessoal numa situação que venha bater à nossa porta (não à do vizinho do lado ou de baixo, certamente por ser uma

uma experiência *nossa*, como nosso é o nome, a cor da pele ou o timbre de voz!).

Agora, o rio segue muito cheio, e a turbulência da travessia já é suficientemente forte para que vença nossas resistências, preparando dentro de nós um espaço novo de receptividade ao que ainda não sabemos que virá.

O fundo do poço é a porta de entrada dos deuses. É pelo fundo de nós mesmos que nos descobrimos. A superfície não revela nossa essência. Ela vai se revelando a nós à medida que vamos atravessando as diversas experiências que a vida nos oferece, no decorrer da existência. É bom lembrar, de vez em quando, que não estamos sós. Deixemos que o pensamento — não estou só — perpasse nossa mente de vez em quando.

Minha incursão no extraordinário mundo da Alquimia surgiu num momento que anunciou uma fase importante de mudança psicológica na minha vida. Uma terapeuta minha, da área de radiestesia e acupuntura me disse, certa vez, numa consulta: "Vera, você está no albedo." "Estou no quê?", perguntei. A terapeuta me explicou que era uma fase da obra alquímica, mas não descansei enquanto não soube mais coisas sobre o albedo e sobre como avançar para a etapa seguinte, pois isso seria importante para meu processo pessoal. A partir de então, iniciei uma investigação sobre a Alquimia e descobri um mundo extraordinário de conhecimento. Este capítulo é dedicado, com a minha admiração profunda, aos alquimistas de todos os tempos, cientistas-sacerdotes ancestrais que procuravam, na transmutação da matéria, as chaves do céu. Sacerdotes cujo ofício solitário — sacro-ofício —, com a ajuda da inspiração divina, pretendia alcançar a pedra filosofal — quando eles próprios se transformavam no ouro-centelha do amor divino.

Alquimia

Há várias possibilidades para a origem da palavra:

> *AL KYMIA*, palavra árabe traduzida por "pedra filosofal", que é o primeiro Arcano (mistério) da Alquimia. Outra abordagem árabe diz que significa química, uma química espiritual antigamente designada "espagíria". E ainda: *Al-lah* em árabe significa Ser supremo, o Todo-poderoso; *AL KYMIA* designa, desde os tempos mais remotos, a ciência de Deus, ou a química de Al.
>
> *AL KIMYÂ: Al* corresponde ao artigo "O". *Kimyâ* deriva de Khen (ou chem), que significa "o país negro" (nome dado ao Egito na Antiguidade).

Em latim, *Alquimia* designa-se por *Solve et Coagula* (dissolver, coagular).

A sabedoria alquímica se fundamenta no Amor Universal. A união pelo Amor está sempre presente na obra alquímica e representa uma energia que une dois princípios ou dois materiais, tornando-os um só (o casamento do Sol e da Lua, do enxofre e do mercúrio, do Céu e da Terra). Os alquimistas pretendiam alcançar a maestria por meio de uma forma de medicina universal que, segundo a tradição, permitiria que homem vivesse com perfeita saúde muito além da idade normal (isso seria muito mais valioso do que todo o ouro do mundo). Nesse processo, transformar chumbo (matéria densa e pesada) em ouro (consciência divina) era o objetivo maior dos alquimistas. A linguagem simbólica alquímica traduz realidades internas que os alquimistas experimentam durante o processo de transmutação dos metais com os quais lidam em seus laboratórios. Ao destilar líquidos, fundir materiais, aquecer substâncias para obter ouro — ou pedra filosofal —, se produz sincronizadamente no alquimista uma extraordinária modificação interna, que culmina em sua transmutação. Ele próprio se torna uma pedra filosofal, alguém cujo interior brilha e reluz como ouro. Assim, une seu coração a Deus e se transforma numa centelha reluzente do amor divino.

Ora et labora

Laboratório vem do latim: *laborare* = trabalhar + orar.

O alquimista trabalha e ora.

A Alquimia nasce do trabalho e da oração.

O processo alquímico é, na verdade, a transformação da personalidade pela alma. A grande obra dos alquimistas é a obra da vida que nos ocorre todos os dias, em todas as etapas da existência. O brilhante Carl Gustav Jung, discípulo de Freud e criador da Psicologia Analítica, descobriu na Obra Alquímica — *opus alchi-*

micum — correspondências com as várias fases dos processos psicológicos que vivemos no processo global de individuação, de se saber quem somos. Jung verificou também essa correspondência nas várias fases do processo da psicoterapia: Confissão, Esclarecimento, Educação e Transformação.

Individuação

Individuação foi o nome dado por Carl G. Jung para designar o processo por meio do qual o ser humano evolui de um estado infantil de identificação para um estado de maior diferenciação, pela expansão da consciência. Nesse processo, passamos a nos identificar cada vez menos com as condutas e os valores do nosso meio ambiente e mais com as orientações oriundas do *self* (Si-mesmo).

É a tendência inata da psique humana para encontrar o seu centro, o *self*, é um caminho progressivo de autoconhecimento, no qual vão se retirando os véus das projeções que o nosso inconsciente pessoal emana de forma natural. Vamos recuperando conscientemente essas projeções, compreendendo que o que vemos e apontamos nos outros são conteúdos nossos — medos, raivas, mas também potenciais e forças. Vamos, assim, conquistando maior conhecimento de nós mesmos. Para Jung, as quatro etapas da obra alquímica correspondem às quatro etapas do processo de individuação, que é a meta do desenvolvimento da psique.

O processo alquímico interno ocorre várias vezes em nossa vida, em várias áreas. Ele acontece num dado momento, por exemplo, na vida afetiva, e em outro momento, ligado à carreira e à realização criativa. Também pode ser global e profundo, envolvendo vários aspectos ao mesmo tempo. Há quatro fases da Obra, que é preciso completar para que os processos psicológicos se concluam, e assim renasçamos.

As quatro fases da Obra

Nigredo ou obra ao negro

Albedo ou obra ao branco

Citredo (ou citrinitas) ou obra ao amarelo

Rubedo ou obra ao vermelho

As quatro fases da obra alquímica são uma metáfora extraordinariamente reveladora dos nossos processos psicológicos. Podemos ficar bloqueados numa etapa, depois avançar para a seguinte e voltar a regredir. É por isso que repetimos certos padrões atraindo sempre as mesmas circunstâncias ou que não conseguimos mobilizar energias para mudar um hábito destrutivo.

Cada um de nós passa pelas diversas fases de forma absolutamente única e personalizada. Uma pessoa pode ficar muito tempo numa fase ou avançar para a seguinte; por exemplo, ir do nigredo para o albedo e regressar várias vezes ao nigredo até alcançar a clarificação — uma característica do albedo é a de tomar conta definitivamente do processo.

Tanto na obra alquímica como no processo de individuação, a passagem de uma fase à outra não é um processo linear, mas cíclico, como uma espiral ascendente praticamente interminável. Quando terminamos um rubedo, voltamos a um novo nigredo; quando terminamos uma transformação, voltamos a uma confissão. É claro que esse regresso nunca é a um ponto inicial do processo, mas a um ponto mais interior e mais elevado da espiral; é como se caminhássemos por uma longa estrada circular para alcançar o topo de uma montanha. É uma circum-ambulação que nos leva de volta ao ponto-pico da montanha, que é o nosso centro, o *self* divino.

O Nigredo ou Obra ao Negro

A primeira etapa da obra alquímica é o nigredo, condição em que a matéria-prima a ser transmutada está perdida e indistinta, o caos. O alquimista tem de resgatar, da sua sombra, os potenciais a serem transmutados. No nigredo, não há certezas. Psicologicamente, é a fase em que batemos no fundo. O que São João da Cruz chamou de *noite escura da alma.*

De acordo com Carl G. Jung, essa primeira fase corresponde à integração da sombra, do aspecto obscuro da psique, ou seja, a integração das emoções, intuições, percepções e pensamentos que repudiamos ao longo da vida porque os consideramos inapropriados ou defeitos indesejáveis. Isso pressupõe um submergir no inconsciente pessoal para que tomemos gradualmente consciência das projeções que fazemos para as pessoas à nossa volta. Elas correspondem aos aspectos de nós que marginalizamos e reprimimos, que não aceitamos serem nossos. Essa fase pressupõe enfrentar cara a cara o aspecto sombrio da criação em nós, em tudo. A Luz e a Sombra fazem parte da existência.

A palavra nigredo está associada à cor negra, ao chumbo, a Saturno (o planeta que, na Idade Média, os astrólogos designavam por maléfico, devido às provações que estavam associadas a eles; na verdade, está relacionado a mestre rigoroso e sábio), ao que é pesado, difícil e que causa sofrimento. O primeiro passo do trabalho alquímico é, portanto, conhecer e encarar o nosso lado sombrio. Faz parte do processo enfrentar raivas, invejas e ódios ocultos, nos reconhecermo na cobiça (mesmo a espiritual) e na competição. Esse confronto com o nosso lado sombrio causa depressão, melancolia, introversão, desilusão em relação a nós mesmos e letargia. Quando estamos no nigredo, é comum sentirmos o mundo como um lugar triste, sem esperança, e as pessoas como não confiáveis ou incapazes de nos confortar. O primeiro passo rumo ao alto, portanto, é mergulhar para *baixo*, a fim de nos conhecermos mais profundamente, com nossas emoções *pesadas*, nossas fraquezas e nossos limites.

Como a morte psíquica sucede quase sempre em virtude de uma crise — perda, traições, abandonos, mudanças de status dolorosa —, é exatamente por meio dela podemos distinguir basicamente três estágios:

I. Resistência (ou negação)

Como tudo a que resistimos persiste, quanto mais fugirmos da situação, mais ela nos perseguirá, até que nos rendamos e passemos a novas fases.

Psicologicamente, acontece quando a crise já acabou, mas nós ainda não estamos lá. Ainda não estamos suficientemente vazios, ainda não desistimos da luta inútil, ainda não temos espaço para escutar. Vamos ao consultório, mas ainda não conseguimos ouvir o terapeuta. Ainda podemos tentar negociar uma forma de viver a dor daquela vivência.

Nessa fase, normalmente nossa raiva emerge.

Um dia podemos descobrir que nossas imperfeições e *defeitos* encaixam "na perfeição" com as imperfeições das circunstâncias, daqueles a quem amamos, das mudanças da vida, a ponto de entendermos que, sem elas, nossa vida não seria a mesma. Descobrimos que essas imperfeições nos ensinam lições preciosas, nos levam — por vias muitas vezes completamente imprevistas e absolutamente improváveis para a nossa razão — a conquistas maravilhosas. Levam-nos a encontros inesquecíveis, a aprendizagens cheias de sabedoria, às profundezas do nosso medo e aos picos elevados da nossa coragem, numa simetria perfeita de ciclos de vida em que a alquimia da evolução se torna possível. A dor que vivemos serve para abrir as portas do nosso coração; basta apenas permitirmos isso.

A raiva alquimizada — passada pelas etapas da obra — se transforma num combustível precioso na demanda da pedra filosofal. Nossas imperfeições fornecem o combustível para nos cinzelarmos, modelarmos e polirmos, retirando o entulho que obscurece a obra-prima que é o nosso Ser. Quando nossa raiva é alquimizada, deixamos de projetar a emoção na circunstância pessoal que a provocou, e assim fica disponível para nós uma enorme quantidade de energia psíquica (antes vinculada à aglutinação do nó de dor), que, entre outras coisas, podemos usar para:

- Estarmos mais presentes em função de nossas necessidades, quaisquer que elas sejam.
- Potencializar a força de vontade e a determinação para nossos objetivos.
- Fomentar nossa criatividade em qualquer aspecto da vida.
- Encontrar soluções que antes não podíamos ver, encobertos que estávamos pelo ressentimento.

II. Revisão da vida, do passado

Quando temos de deixar algo ir, um emprego, um bem importante, uma pessoa, uma situação, tendemos a rever nossa vida e normalmente somos mais negativos, nos culpamos, focamos no que fizemos de errado, nos equívocos, nas omissões, no que não fizemos e no que devíamos ter feito. Em casos de vida e de morte, essa revisão da vida pode ser absolutamente única na perspectiva que nos dá de tudo o que vivemos e na consequente possibilidade de redenção e transcendência do nosso carma.

No nigredo, é importante (e comum) falarmos com um amigo ou com um terapeuta, sobre nossa vida, nossos segredos, nossos sonhos desfeitos. É importante chorar. Morremos para uma vida em que algo caducou e sentimos que algo se dissolve dentro de nós (caos e dissolução das antigas formas). Por mais angustiante que seja o processo, é fundamental seguir o que ele recomenda: ficar quieto e adiar tudo que for possível, sobretudo as decisões importantes.

Apesar de difícil, nenhum trabalho alquímico pode ser feito sem que esses momentos de incubação e introversão sejam atravessados. Como já referido, é importante que essa descida às sombras pessoais seja feita sob as asas de um anjo, que pode ser um terapeuta, um amigo ou um conselheiro espiritual.

III. Transcendência

Entra-se num estado de consciência em que o medo é substituído pela rendição e pela serenidade. É uma experiência que transcende nossa noção comum do tempo-espaço e cujo estado é relatado por inúmeras pessoas que tiveram experiências de quase-morte, sendo descritos o túnel (assim como o túnel do nascimento, há o túnel para a luz) e o clímax indizível em que essa transição é sentida por eles.

No pico do inverno, podemos chegar a sentir que nada vai florescer mais. Tive essa sensação em minha vida algumas vezes. Depois de uma relação que acabou, parecia que minha vida ia acabar. Depois de um grande êxito profissional seguido de um período de aparente estagnação, parecia que nunca mais voltaria a florescer; depois de um período de enfraquecimento, esgotamento e depressão, tive a impresão de que minha alma nunca mais teria alegria. E, depois de algum tempo, chega um dia vindo do nada e tudo muda. Exatamente como a magnólia que no inverno fica reduzida ao *osso* de seus ramos descarnados, florescendo na primavera com a beleza de pétalas em festa. Foi exatamente por ter se reduzido ao seu mais essencial na época dos ventos fustigantes e do gelo cortante que ela sobreviveu, renascendo sempre em sua mais bela revelação e dádiva.

Houve um tempo em que eu pensava que tudo era linear; agora, compreendo que é cíclico. No conceito de linearidade, se fizermos tudo direitinho, logo alcançaremos o amor eterno, a glória, a felicidade máxima. No conceito de espiral, a imperfeição da aparência, em sincronizada harmonia com a perfeição essencial do universo, nos ajuda a levar nossos êxitos e insucessos para a próxima volta da espiral, para a próxima síntese de consciência. Os fracassos se transformam em novas oportunidades de sabedoria. Precisamos continuar em frente mesmo depois de termos estado no osso, desprovidos de esperança e alento. Emocional, financeira, profissional e fisicamente.

Uma das evidências de que começamos a sair do nigredo é o fato de sentirmos internamente que esses aspectos mais obscuros já não nos dominam. Saber que eles fazem parte de nós, mas que não nos definimos por eles, dignifica nossa humanidade e nos faz recordar de nossa essência. Compreendemos e sentimos que é possível contrabalançar tais aspectos quando entramos em contato com nossa natureza luminosa. Nessa fase, entendemos que temos chumbo e ouro, e essa integração é sinal de que estamos nos movimentando em direção à próxima etapa, abandonando gradualmente esse estado doloroso para entrar em outro mais ameno.

O Albedo ou Obra ao Branco

É a fase ligada à água, à prata e também à claridade, ao branqueamento, à purificação. Durante esse período, os alquimistas procediam à lavagem dos instrumentos e dos materiais calcinados do nigredo — a raiz latina de albedo é alvo, branco, que é a cor das cinzas.

Continuando o paralelo com o processo psicoterapêutico, nessa fase começamos a ter intuições e pistas mais profundas sobre como uma dada emoção surgiu, por que odiamos tal pessoa ou temos inveja dela. Esse entendimento mental transforma a intensidade da emoção — outra alquimia. No albedo, há um exame mais racional dos sentimentos. A pessoa começa a fornecer explicações para suas reações, a entender o que as motivou. Há um afastamento (*separatio*) das emoções que possibilita uma reinterpretação do que aconteceu. Compreendemos que estamos diante de uma nova vida que, vista à luz do albedo, já não parece tão difícil nem tão sofrida. No albedo, buscamos nossa alma, e continua a ser importante partilharmos essa procura com alguém.

Nessa fase é possível fazermos em maior ou menor grau a integração consciente do arquétipo oposto, ou seja, do "feminino" para os homens (arquétipo da *Anima*) e do "masculino" para as mulheres (arquétipo do *Animus*). O ser humano, tanto física como psiquicamente, é um conglomerado de opostos. Em nossos genes, há elementos masculinos e femininos, e o mesmo acontece em nosso psiquismo. Para o homem, a *Anima se* encontra inicialmente submersa no seu inconsciente pessoal, misturada com a "Sombra", tal como o *Animus* para a mulher. Uma vez que tais contrapartes feminina e masculina tenham sido integradas na psique, elas se transformam numa "ponte" que nos liga ao inconsciente coletivo e a seus arquétipos. Essa fase ensina que, em última análise, teremos de fazer a íntima união dos componentes de nossa própria personalidade. O casamento espiritual ou as bodas alquímicas são uma vivência interna, e não mais projetadas no outro. É uma unificação dos contrários internos.

No albedo, também precisamos encarar o que não queremos mais, assim como quais compulsões, ideias, crenças, atitudes, emoções e relações já não nos servem e que precisamos, com humildade, ir erradicando, para que não coagulem de novo em nós, como se fossem toxinas. Separar o que queremos do que já não nos é útil demanda também um tempo de reorganização. E um período no qual sentimos as coisas fluírem com mais facilidade e menos sofrimento.

Nessa fase, é importante que a pessoa não fique imobilizada na análise de si mesma, do sentido da vida, das relações. Que não fique imobilizada nas teorias se tornando incapaz de ver o que está acontecendo à sua volta e de agir. O risco no albedo, o que aqui nos impede de passar à fase seguinte, é o de ainda ficarmos muito centrados em nós mesmos; de não sermos capazes de deixar aquilo que já não queremos, de não *empilharmos tudo isso num monte e de lhe atearmos fogo.* Até as alvas cinzas de mais um albedo transcendido.

No albedo, idealmente, começamos a perceber que o caminho não é algo que ocorre fora de nós, mas que nós e o caminho somos a mesma coisa, ou seja, o alquimista e o objetivo do seu trabalho — a iluminação — são o mesmo. Deixa de haver um sujeito e um objeto, passando a haver um processo.

O Citredo ou Obra ao Amarelo

Essa é uma fase intermediária e habitualmente mais curta. O amarelo significa que o albedo amarelou, ou seja, envelheceu, como um papel branco que fica amarelado com o tempo. O psicanalista americano James Hillman afirmou que a fase amarela interrompe a fase em que a pessoa só pensa em si mesma. Agora, já não é apenas o que interessa à realidade individual interna que tem importância para a pessoa.

Essa etapa está ligada à educação, aos ensinamentos, a uma nova aprendizagem. É dedicada ao estudo, a uma revisão de conceitos e de preconceitos a partir da qual, por nos entendermos melhor, podemos entender melhor os outros em seus próprios dramas e desafios. No citredo ou *citrinistas*, compreendemos melhor as semelhanças entre nossos processos e os processos dos outros, o que possibilita um novo olhar sobre os comportamentos, as referências e as escolhas das outras pessoas. Percebemos que o outro busca, afinal, o mesmo que nós, só que utilizando caminhos diferentes.

Começamos a olhar para além de nós próprios, e uma nova compreensão emerge em nossos relacionamentos. Desponta a vontade genuína de partilharmos nossas experiências e de estarmos mais próximos dos outros, de ajudá-los. Cumpre-se um trabalho profundo sobre o nosso ego. O amarelo se torna então radiante, dourado, como os raios de sol da aurora que anunciam um novo dia. Inicia-se a fase vermelha, o renascimento de um novo entusiasmo, fogo e ardor.

O Rubedo ou Obra ao Vermelho

A quarta e última fase é muito representada na alquimia por uma águia branca e outra vermelha ou por um rei vermelho e uma rainha branca. Eles simbolizam a união dos opostos complementares, por meio da qual é possível alcançar a pedra filosofal e a síntese da Grande Obra.

No rubedo, o alquimista alcança o "corpo de diamante": a *Totalidade*, o encontro e o acolhimento mútuos entre nosso Eu consciente e o *self* divino, do qual, sem sabermos, sempre fizemos parte.

É uma nova *coniunctio*, ou reunião interna em que todos os (aparentemente irreconciliáveis) opostos se juntam e se complementam harmonicamente, se conectando diretamente com o *Unus Mundus*, outro nome para Deus. É um estado inebriante, indescritível, aludido por místicos, sábios, homens e mulheres do espírito de todos os tempos e que constitui um Mistério. Esse *self* divino é a "centelha divina", o "Deus interior" da mística, o "Mercúrio Filosofal" da Alquimia, "Deus em nós", como o chamou Jung.

Nessa fase vermelha ligada ao mercúrio e ao ouro, acontece um processo de síntese interno, uma união entre as forças opostas que atuam dentro de nós, união que é a geradora da pedra filosofal. O lado masculino (o espírito) e o feminino (a alma) se integram. Essa união é representada nas narrativas alquímicas pelo casamento do Sol com a Lua ou da Terra com o Céu e é considerado o ponto culminante da obra alquímica.

Edward F. Edinger, no livro *Anatomia da psique: o simbolismo alquímico da psicoterapia*, descreve o rubedo como "a ressurreição e o nascimento do *corpo glorioso*, o corpo humano permeado pela glória do espírito". A psicanalista suíça Marie-Louise von Franz escreveu sobre essa fase final: "Algo firme nasceu dentro de nós, algo que está acima dos altos e baixos da vida, [...] algo muito vivificante que participa do fluxo vital sem inibições ou restrições da consciência."

Carl G. Jung também descreveu esse momento: "[...] é como estar no pico de uma montanha, acima da tempestade. Vemos as nuvens negras, os relâmpagos e chuva a caindo, mas algo dentro de nós paira acima de tudo isso, e podemos simplesmente observar os elementos em fúria." Talvez esse momento ainda não seja definitivo — é provável que ainda caiamos sob a emoção de um estado negativo (sob a dor da perda, sob a confusão que é ter um novo desafio). Mas algo em nós é capaz de dizer — eu já vi este filme — categoricamente que não seremos mais tão condicionados por tal estado negativo, portanto estamos mais livres para encontrar novas soluções.

O caminho não conduz em linha reta para a frente, por exemplo, da terra ao céu ou da matéria ao espírito: trata-se de uma "circum-ambulação", em que vamos nos aproximando gradualmente do centro. Avançamos cumprindo com a nossa tarefa como *mixta composita*, ou seja, como seres humanos entre os opostos, seres *crucificados* entre o céu e a terra, nos quais a alquimia dessa fusão se faz no coração. Para Ivan Stratievsky, médico e cirurgião antroposófico, alcançar o ouro alquímico é alcançar o *self*, o verdadeiro Eu. "Para chegarmos lá", diz ele, "precisamos lidar com nossas polaridades (opostos) internas, pensando, sentindo e querendo de maneira equilibrada".

No rubedo, as bodas alquímicas ou o casamento entre os opostos é simultaneamente uma união que tem lugar em três planos: dentro da psique do indivíduo, entre o individual e a sociedade coletiva, e entre o corpo do coletivo e o mundo espiritual. A cada estágio sucessivo de transfomação da personalidade, alcançamos uma consciência cada vez mais expandida de nós mesmos, do mundo e de Deus. Renascemos e, em cada fase da Alquimia maior da Vida, a felicidade adquire um novo sentido com o crescente poder do Amor em nós.

"Omnia vincit amo." (O amor tudo vence.)

Virgílio, em *Bucólicas*

O processo alquímico

Carl C. Jung também escreveu sobre o processo alquímico que gera a grande obra dentro de nós, a individuação:

> "A alquimia representa a projeção de um drama ao mesmo tempo cósmico e espiritual em termos de laboratório. A *opus magnum* (Grande Obra) tem duas finalidades: o resgate da alma humana

e a salvação do cosmos. Caminho difícil e repleto de obstáculos. Logo no início da obra, encontramos o "dragão", o espírito ctônico, as trevas abissais ou, como os alquimistas o chamavam, o "negrume", o nigredo, e esse encontro produz sofrimento [...]. Na linguagem dos alquimistas, a matéria sofre até o nigredo desaparecer finalmente, quando a aurora é anunciada pela cauda do pavão (*cauda pavonis*), nascendo assim um novo dia, o albedo.

Mas ainda não se vive nesse estado de "brancura", na verdadeira acepção da palavra; é uma espécie de estado ideal, abstrato. Para ganhar vida, deve ter "sangue", deve possuir aquilo que o alquimistas chamam de rubedo, a "vermelhidão" da vida. Só a experiência total da vida pode transformar esse estado ideal do albedo num modo de existência plenamente humano. Só o sangue pode reanimar o glorioso estado de consciência em que o derradeiro vestígio de negrume é dissolvido, em que "as trevas abissais" deixam de existir autonomamente e se juntam à profunda unidade da psique. Então, e só então, a *opus magnum* está concluída: a alma humana está completamente integrada."

No coração da matéria, a alquimia é a compreensão de que já possuímos a pedra filosofal e de que o seu nome é... AMOR.

Thom Cavalli, alquimista contemporâneo

Buscai e encontrareis!

ESTÁGIOS DA TRANSFORMAÇÃO ALQUÍMICA NO PROCESSO DE INDIVIDUAÇÃO

Etapas da Obra	Características Gerais	Estágios do Alquimista	Cor / Metal / Operação	Relação com as Etapas na Psicoterapia	Atributos da Integração Bem-sucedida
Nigredo	O caos da substância. O fundo do poço. Integração da Sombra. Corte no DNA.	EU INICIANTE — sem luz própria.	Negro. Chumbo. Terra. Dissolução (solve); *putrefactio*; *calcinatio*. Matéria-prima dissolvida a partir da qual começa a obra da individuação.	*Confissão.* Encarar e integrar a sombra, as projeções. Não há certezas. Melancolia, depressão.	*O EU real* <u>Capacidades:</u> Vivenciar uma vasta gama de sentimentos com vigor e espontaneidade. Automotivação e assertividade. Reconhecimento da autoestima. Aliviar e curar sentimentos dolorosos. Manter e honrar compromissos. Criatividade. Intimidade. Estar bem quando sozinho consigo. Reconhecer a sombra.
Albedo	Onde tudo se reorganiza e a luz se faz (esclarecimento psicológico). A integração da *anima* (feminino) ou do *animus* (masculino). DNA é amplificado.	TU. ADEPTO — aquele que já adquiriu consciência.	Branco. Prata. Água. *Mortificatio*; *separatio*. Branqueamento, purificação. Separar o que queremos do que não queremos, para coagular uma nova forma de ser.	*Esclarecimento* Reconhecer nosso oposto: a *anima* (feminino) ou o *animus* (masculino) para a integração.	*O EU individuado* Recuperação das projeções nos relacionamentos. Maior sentido para a vida e maior vivacidade. Atenção à sincronicidade. Uso criativo dos sonhos. Visão/imaginação.

Etapas da Obra	Características Gerais	Estágios do Alquimista	Cor / Metal / Operação	Relação com as Etapas na Psicoterapia	Atributos da Integração Bem-sucedida
Citredo	Sabedoria. DNA é translocado (uma nova ordenação da matéria.)	—	Amarelo. Ar. Amadurecimento.	*Educação* Introspecção necessária.	Transição dos atributos do albedo para o rubedo.
Rubedo	A consciência. O *self* que atingiu a totalidade, descobrindo sua verdadeira natureza. O casamento alquímico. DNA é duplicado.	NÓS. INICIADO — aquele que tem luz própria. Renascimento espiritual.	Vermelho. Ouro. Fogo. *Conjunctio* (nova síntese corpo-espírito-alma-princípio criador).	*Transformação* Reintegração na psique das energias opostas e complementares.	*O EU Divino.* (O EU ou *SELF* divino é a manifestação viva e permanente de Deus expressa pela psique humana.) Estabilidade do Eu individuado. Compaixão/graça. Equanimidade. Beatitude/estado abençoado. Não ser dual.

Quadro E

ESTÁGIOS DA TRANSFORMAÇÃO ALQUÍMICA NO PROCESSO DE INDIVIDUAÇÃO

Etapas da Obra	Chacras	Bloqueios	Chacra Equilibrado Produz	Para Equilibrar o Chacra	Frase-chave Bem-sucedida
Nigredo	1º *Muladhara, Chacra da Raiz, Terra*	Medo de morrer. Excesso de crítica, angústia, insegurança, agressividade.	Alegria de viver, aceitação das situações como elas são, paciência, atitudes em harmonia com as forças da terra e do céu.	Prestar serviços aos outros; doar-se. Sentir-se relacionado com toda a Criação. Desenvolver coragem e confiança. Estar satisfeito com o que possui.	A Vida é uma oportunidade aproveite-a. A Vida é um desafio: enfrente-o. A Vida é um mistério: desvende-o. A Vida é tristeza: transcenda-a. A Vida é amor: desfrute-a. A Vida é um combate: aceite-o. A Vida é felicidade: mereça-a. A Vida é a vida: defenda-a! MADRE TERESA DE CALCUTÁ
	2º *Svadhisthana, Chacra do Sacro (hara) Água*	Emoções e sexualidade descontroladas ou reprimidas, depressão e vazio, medo da rejeição e do abandono, inveja, ciúme. Medo do desconhecido. Egoísta, dominador.	Abertura, capacidade de adaptação, naturalidade. Amor transformador que possibilita a descoberta e o respeito do outro. Coragem, confiança em si, criatividade, compreensão.	Aceitar a fragilidade de cada instante e se abrir às transformações necessárias. Tolerância, paciência, ouvir a si próprio. Fazer ioga, regime vegetariano. Cantar. Artes marciais.	Amarás ao Senhor teu Deus de todo o teu coração, de toda a tua alma, e de todo o teu entendimento. Este é o grande e primeiro mandamento. E o segundo, semelhante a este, é: Amarás ao teu próximo como a ti mesmo. JESUS CRISTO, *Bíblia Sagrada*, Mateus 22:37-40

Etapas da Obra	Chacras	Bloqueios	Chacra Equilibrado Produz	Para Equilibrar o Chacra	Frase-chave Bem-sucedida
Albedo	*3º Manipura, Plexo solar, Fogo*	Manipulador, sede de poder, egoísta, cego pelos instintos, ambicioso.	Purificação das emoções, sentimentos, das memórias, dos hábitos, desejos; queimar carma, reduzi-lo a cinzas. A personalidade escolhe servir à luz (consciência) num trabalho de transformação voluntário e profundo. Disciplina, firmeza e vontade.	Não lutar contra os velhos hábitos, as emoções negativas etc. (de mais força a eles), mas aprender a deixar de alimentá-los, desencadeando qualidades opostas. Aceite perder algo, deixá-lo ir; aceite as experiências desconhecidas. Siga em frente com alegria e convicção, sustentado pelo poder das leis divinas.	Aprender com os erros do passado e avançar com confiança na vida. Viver na fé de que a Vida está a seu favor desde que você permaneça fiel à sua essência.
	6º Ajan; Chacra da 3º Visão. Maha Tattva (todos os elementos purificados)	Falta de solidariedade. Procura de poderes (mesmo espirituais) para gratificação pessoal. Falta de alimento interior, procurando compensações externas. Influenciável ou dogmático e rígido. Confia exclusivamente no intelecto.	A consciência é perfeita: vê tudo, compreende tudo e comanda a transformação necessária. Reconciliação. Desfazer-se das impurezas. Humildade e compaixão.	Aceitar e reconhecer a perfeição de tudo o que É. O mundo externo é um espelho de nós mesmos. Não ter medo de agir. Procurar um mestre espiritual com discernimento. Aprender as leis universais e comungar com elas. Não se criticar. Desenvolver autonomia necessária à sua descoberta.	O visível manifesta o invisível. Sou autêntico em pensamento, palavra e ação. Tenho discernimento.

Etapas da Obra	Chacras	Bloqueios	Chacra Equilibrado Produz	Para Equilibrar o Chacra	Frase-chave Bem-sucedida
Citredo	*4º Anahata, Chacra do Coração, Ar*	Não sabe receber nem dar. Interesseiro. Exigente, não perdoa, mal-amado, desconfiado, sozinho. Por compensação, pode se dar completamente sem discernimento e sai magoado da experiência. Rejeitado.	Comunicação com uma dimensão cósmica que ultrapassa o entendimento. Fusão alquímica durável, irreversível. Pureza, inocência, alegria, vivacidade, magnetismo (o carisma vem da ligação mais profunda com o coração, que representa a sede do amor divino). Comunhão com a natureza, a beleza, a ordem. Perdoamos e nos deixamos ser perdoados. Gratidão. Excelente capacidade de desenvolver os talentos próprios. Cura-se e cura.	Aceitar-se e aceitar o outro. Perdoar-se e perdoar o outro. Praticar o silêncio. Dar livre e gratuitamente. Receber livre e gratuitamente. Aceitar se deixar emocionar. Sentir-se um canal de vida.	Amo-te, não só por aquilo que fizeste de ti mesmo, mas por aquilo que fazes de mim.

Etapas da Obra	Chacras	Bloqueios	Chacra Equilibrado Produz	Para Equilibrar o Chacra	Frase-chave Bem-sucedida
	5º Vishuddha, Chacra da Garganta, Éter.	Agir sem refletir. Enterrar as emoções, fugindo delas. Falar demais para mascarar a inacessível intimidade que esconde. Tende a ser atraído por manipuladores. Fragilidade. Timidez.	A pessoa é transparente, intui as mensagens implícitas. Calma mental, eliminação do nervosismo. Saber falar e escutar. Recebe informações espirituais diretas. Nunca se sente só. Confiança inabalável, independência interior, sabedoria, bondade, ternura.	Estar presente, no aqui e agora. Ser sensível ao que o rodeia. Verbalizar as emoções. Não fazer julgamentos. Ser dinâmico, flexível e aberto ao diálogo.	Eu falo e escuto. “Se o que tens para dizer a alguém não for verdade, nem bom, nem útil, não digas nada!” SÓCRATES.
Rubedo	*7º Shasrara, Chacra da Coroa. Maha Tattva (todos os elementos purificados)*	Delírios místicos. Dúvidas, incertezas permanentes. Bloqueio dos outros chacras. Estado de separação da fonte divina e dos planos espirituais.	Beatitude transbordante. Silêncio pleno de alegria e vida. Paz, amor, sabedoria	Meditação. Oração *Ora et labora* = oferece a vida como uma oração ao universo.	Eu Sou. Vivo a beatitude absoluta. Estou em paz. Sou o silêncio criador da vida pura. Criador de amor e paz supremos. Cheguei à casa do pai.

Quadro F

Minha fé mais profunda é que podemos mudar o mundo pela verdade e pelo amor. Amor e verdade são duas faces de Deus. A verdade é o fim; o amor, o caminho

Mahatma Ghandi

Este livro foi composto na tipologia Bembo,
em corpo 12/15, e impresso em papel off-white 80g/m^2
no Sistema Cameron da Divisão Gráfica da Distribuidora Record.